# Les Maîtres d'aujourd'hui

Typographie Firmin-Didot et C^ie. — Mesnil (Eure).

# Les Maîtres d'aujourd'hui

PAR

## PAUL LORQUET

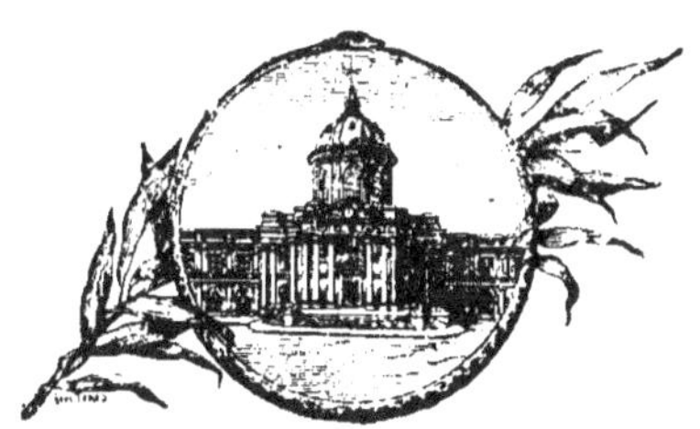

LIBRAIRIE DE PARIS

FIRMIN-DIDOT ET Cⁱᵉ, IMPRIMEURS-ÉDITEURS

56, RUE JACOB, PARIS

# LES

# MAITRES D'AUJOURD'HUI

## LA PEINTURE FRANÇAISE : LE MOMENT PRÉSENT

Je voudrais rechercher où en est la Peinture française à la veille du vingtième siècle. On parle de crise : y aurait-il péril en la demeure ?

Il est de mode de s'affliger du présent, de s'inquiéter de l'avenir, de regretter le passé. Et certes l'on n'a pas tort d'exalter ce glorieux passé ! Sans remonter jusqu'aux miniaturistes, aux fresquistes, aux peintres verriers du moyen âge, sans parler des derniers gothiques, vigoureux et naïfs, qui se groupent autour de Jehan Fouquet, ni même des séduisants artistes à demi italianisés de la Renaissance, c'est, depuis Simon Vouet, une éclatante histoire de trois siècles, une succession étonnante d'écoles diverses, renouvelant sans cesse leur idéal, assouplissant et enrichissant le métier. Pendant ces trois cents ans, l'Art a vécu, c'est-à-dire a évolué et s'est transformé comme la France elle-même : et voilà comment les maîtres austères et forts de l'époque Louis XIII, travailleurs réfléchis et créateurs puissants; les maîtres somptueux et magnifiques de la cour du Grand Roi, admirables de noble élégance et d'abondance superbe; les maîtres spirituels et charmants de la Régence et du règne de la Pompadour, et leur frère ennemi, ce Greuze qui prôna la famille et prêcha la morale, l'artiste selon le cœur de Diderot; voilà comment David et ses élèves, républicains ou césariens, mais toujours néo-romains, et les romantiques et les classiques et les éclectiques, leurs successeurs, tous enfin, traducteurs fidèles de la pensée française, interprètes grandioses ou souriants de la société française, ont assuré par le nombre incroyable des talents, par leur variété surprenante, par le génie de quelques-uns, — Poussin et le Lorrain, Watteau et Delacroix, — la suprématie incontestée de la France, et celle-là du moins n'a pas eu de Waterloo.

Est-ce que vraiment cette grandeur mena-
cerait ruine? Après les trois siècles prestigieux
qui vont de Giotto à Véronèse, l'Italie n'a
plus connu qu'une abondance stérile jusqu'à
l'épuisement complet et au grand silence ; en
serait-il de même pour la France après les
trois siècles qui vont du Poussin à Puvis?
Notre peinture tomberait-elle en décadence,
et cela au moment même où plusieurs écoles
étrangères, nées ou ressuscitées dans les vingt
ou trente dernières années, prennent un
remarquable développement?

Précisons : on parle moins de décadence
que d'incohérence et d'anarchie. Nous avons
toujours nos peintres préférés, mais nous les
trouvons mal entourés et comme compromis
par de fâcheux voisinages : nous craignons la
contagion des exemples funestes. Et les artistes
eux aussi abondent dans le même sens : ils
ne sont guère tendres, les conservateurs aux
révolutionnaires, les novateurs aux classiques; ils admettent facilement qu'on fasse
encore de la bonne peinture, mais ce n'est pas
celle du voisin, et celle-ci les inquiète pour
l'avenir : leur susceptibilité se blesse, comme

d'une critique en action, de toutes ces divergences hostiles, de toutes ces productions opposées et rivales, qui semblent réprouver leur conception de l'art et condamner leurs procédés. Tous regrettent, en un mot, l'absence d'un idéal commun, d'un style unique, de principes universellement observés : là seulement ils verraient le salut, — à condition naturellement que ce fussent leurs principes, leur style et leur idéal.

Qu'est-ce que ce snobisme d'uniformité? L'intransigeance est excusable chez le producteur, enfermé dans son sens propre, puisant peut-être le meilleur de son énergie dans cet exclusivisme farouche; — et que de peintres pourtant, et des plus grands, furent de libres esprits! Mais l'intolérance du public, l'étroitesse de son goût, ce n'est que paresse d'intelligence, pauvreté de compréhension, indolente complaisance aux idées toutes faites exprimées par des phrases toutes faites : cet art nous gêne, qui n'est pas conforme à une certaine formule, plus ou moins étroite, plus ou moins consciemment acceptée une fois pour toutes : hors de ce dogme, tout n'est qu'hérésie.

Et par quelle contradiction admettre au
Louvre cette variété d'inspiration et de méthodes que nous proscrivons aux Salons? A
moins de nous refuser à admirer Rubens près
de Rembrandt, Watteau près de Holbein,
Constable près de Corot! Ou peut-être les
acceptons-nous comme interprètes des génies
opposés de pays divers et d'époques différentes? Ce que nous refuserions à la France
d'aujourd'hui, ce serait donc le droit de produire en quelques mois une diversité d'œuvres
digne de plusieurs pays et de plusieurs siècles? N'est-ce pas plutôt que, pour ce passé,
notre siège est fait, nous sommes dûment
avertis? Ces morts glorieux, on nous les a
expliqués, nous les comprenons, ils sont
classés dans notre esprit, étiquetés, casés
chacun à sa juste place, et ce classement harmonieux les définit et nous satisfait : c'est
une admiration de tout repos. Mais ces vivants
qui travaillent devant nous? Cette mêlée qui
tourbillonne, sans cesse plus confuse, où tous
les mots d'ordre retentissent à la fois? Ce
présent, qui naît sous nos yeux, si multiple,
si divers, nous trouble, nous échappe, nous

désoriente : nous le comprenons mal, parce que nous le connaissons mal.

Et sans doute, de prime abord, il semble assez difficile à bien connaître : près de trois mille cinq cents toiles bon an mal an dans les deux Salons officiels ! Sans parler des autres salons et salonnets, exposition des Indépendants, expositions des cercles, expositions particulières d'un groupe ou d'un artiste, expositions des aquarelles et des pastels. Et les grands travaux décoratifs des monuments, des théâtres, des églises? Et l'histoire du dernier demi-siècle, non pas, hélas! clairement racontée, mais esquissée tout au moins, malgré tant de lacunes, dans ce musée provisoire du Luxembourg, intelligemment hospitalier, mais mesquinement exigu? Et la rue elle-même, musée improvisé, avec ses affiches multicolores, éclatante gaieté et capricieux sourire de nos murailles? A première vue, c'est le chaos, un pêle-mêle formidable de lignes et de couleurs, un désordre accablant; les manières les plus diverses voisinent, les doctrines s'entrechoquent, les écoles se défient; toutes les fantaisies de l'individua-

lisme exalté et déchaîné, l'anarchie rejetant
toute loi, brisant tout frein, autorisant toutes
les audaces et toutes les bizarreries. Où
trouver le fil d'Ariane qui nous dirigerait dans
le labyrinthe?

Mais se figure-t-on l'avoir cherché, ce fil
conducteur, par quelques visites rapides aux
Salons annuels? Et surtout avec l'idée pré-
conçue qu'on ne le trouvera pas, avec la conviction qu'une grande partie, la plus grande
peut-être, de cette énorme production est
inutile, regrettable, probablement malsaine?
Rien ne se donne qu'à la sympathie, à l'amour :
il faut aimer pour comprendre; et, si parfois
ici un effort semble nécessaire pour ne pas
dédaigner de parti pris, pour s'intéresser,
pour aimer, il se pourrait bien que cet effort
fût un devoir. Comment! Voici des centaines
et des centaines d'artistes qui nous apportent
les essais d'une jeunesse enthousiaste, riche
de projets et d'espérance, ou les résultats des
réflexions, des travaux, de l'acquis d'une vie
entière, et nous les jugerons en quelques
heures, nous les passerons en revue d'un œil
distrait ou malveillant, et nous les condam-

nerons sans les avoir entendus! Nous n'en avons pas le droit. C'est un grand procès à instruire et qui mérite une enquête sérieuse : quand nous aurons terminé cette enquête, aussi documentée, aussi consciencieuse que possible, c'est alors seulement qu'il nous sera loisible de juger en connaissance de cause, de choisir et de coordonner.

Mais de cette universelle revue, de cette moisson trop opulente, c'est plus de confusion encore qui sortira? Tout au contraire : à la réflexion, tout va s'ordonner, s'éclairer, se définir; nous verrons naître la lumière et se dégager l'harmonie. Prenons courage : le chaos qui nous effrayait n'est qu'une floraison merveilleusement touffue, une surabondance magnifique d'idées, de doctrines et de talents. Je ne prétends certes pas que tout soit admirable, mais nous trouverons à admirer dans toutes les écoles; nous rencontrerons sans doute des stagnations et des témérités, des réactions et des excès, des impuissances et des étrangetés, mais nous constaterons en définitive que la somme du beau l'emporte et de beaucoup; nous dirons les inquiétudes justifiées et les dangers courus : qu'importe, si le péril est conjuré?

Je voudrais dérouler la chaîne continue qui rattache les uns aux autres ces efforts divergents et ces œuvres disparates, embrasser d'une vue d'ensemble l'état actuel, le juger d'après les productions récentes, en remontant tout au plus à cinq ou six années en arrière : si je parle de quelques peintres, morts récemment, c'est que leur œuvre est encore vivante et que leur place n'est pas encore prise. Il n'est pas question ici de dresser un catalogue sans omissions, de tenter une énumération détaillée avec dates à l'appui : si tous les noms ne sont pas prononcés, qui pourraient l'être dans une histoire complète, c'est que ceux-là m'intéressent entre tous, qui caractérisent spécialement, qui personnifient une école ou un groupe; et ceux-là encore, où je trouve le trait d'union, l'évidente transition d'une manière à une autre, car mon dessein principal est de montrer nettement les anneaux de la chaîne, sans interruption, sans lacune, sans hiatus, de faire apparaître le développement naturel, légitime et, pour ainsi dire, nécessaire de notre peinture. Et, pour les grands maîtres surtout, j'ai dû me borner : ce serait une tout autre étude d'exposer, pour chacun d'eux, l'histoire approfondie de l'artiste et de ses travaux et d'expliquer la genèse et l'évolution progressive de son talent; il me suffira de préciser l'idée que nous avons d'eux, de marquer leur place dans ce glorieux cortège, de définir leur rôle actuel d'après leurs dernières créations.

Si l'on s'étonne de rencontrer chemin faisant des peintres étrangers, c'est que beaucoup d'entre eux sont sortis de nos ateliers, c'est que plusieurs se sont fixés en France, c'est qu'ils exposent fidèlement à nos Salons, se mêlent à nos discussions et se rattachent à nos écoles diverses et à nos groupes rivaux, tout en gardant une saveur spéciale de terroir. Ils doivent trouver place dans un tableau général de cet Art français, qui a contribué à les former et qu'ils contribuent à expliquer : féconde réciprocité d'influence, qu'on n'a pas le droit de négliger. Pourrait-on parler de nos seizième et dix-septième siècles sans nommer les Clouet et les Pourbus, Philippe de

Champaigne et Van der Meulen? Et notre siècle même, le raconterait-on en passant sous silence Bonington, Fortuny, Alfred Stevens? J'indiquerai d'ailleurs leur nationalité, pour ne pas enlever à leur patrie le mérite de leurs succès ou la responsabilité de leurs erreurs.

*
* *

La peinture doit créer de la beauté, et un triple idéal s'offre à cet art, le plus riche, le plus souple, le plus varié de tous : la beauté de la forme, la beauté de la couleur, la beauté de la lumière ou des vibrations lumineuses de l'air. Que le peintre les atteigne toutes trois également et absolument, et c'est alors le chef-d'œuvre parfait, sans tache, surhumain; mais le Vinci a pu seul à ce point faire œuvre divine. Ses rivaux de gloire sont attirés plus fortement par leur génie propre vers l'une ou l'autre de ces trois beautés et lui rendent un culte spécial, c'est-à-dire qu'ils sont plutôt ou dessinateurs ou coloristes ou luministes : et nous pensons à Raphaël, le Prince du dessin, l'exquis poète de la pure beauté des formes, ou peut-être à Ingres, notre Raphaël, — à Véronèse, à Franz Hals ou à Delacroix, ces magiciens de la couleur, — à Rembrandt enfin, le souverain féerique et mystérieux du clair-obscur, le maître des lumières et des ombres.

Ce sont encore aujourd'hui ces trois cultes qui s'opposent, en s'unissant à des degrés divers, et leurs fidèles se groupent en trois églises, qui sont nos trois grandes écoles actuelles ou groupes d'écoles : l'École officielle ou classique, qui compte de parfaits dessinateurs et quelques beaux coloristes, mais qui néglige souvent la lumière et l'air, — les Révolutionnaires, plein-airistes et impressionnistes, analystes passionnés des caresses de l'air et des sensations lumineuses, mais oublieux parfois, les premiers de la couleur, les uns et les autres du dessin, — la Jeune École enfin, formée par de puissants coloristes, qui ne s'occupent pas toujours de l'ambiance aérienne et se sont parfois contentés d'un dessin simpliste et d'un modelé rudimentaire. Joignons à ces trois grandes églises quatre chapelles, puvisistes, pointillistes, symbolistes, archaïsants : tout ou presque tout rentre dans ces cadres.

I

# L'ÉCOLE CLASSIQUE : LES GRANDS MAITRES

## CHAPITRE PREMIER

### CARACTÈRES DE L'ÉCOLE CLASSIQUE

La grande École classique, académique, est fille d'ancêtres illustres, jadis rivaux et ennemis : mais, dans l'éloignement qui les rapproche, leurs souvenirs sont désormais réconciliés, et l'École leur doit un trésor très riche et très divers de principes, de leçons et d'exemples.

David lui légua sa noblesse d'intentions et sa correction linéaire, Prud'hon sa délicate poésie et le charme de son clair-obscur, Ingres l'amour des belles formes et le respect religieux du dessin, « cette probité de l'art »,

Delacroix le sens dramatique, le goût des
pâtes puissantes et du beau métier. L'éclectisme de Delaroche réunit, en les affaiblissant,
toutes les qualités de ses prédécesseurs : il
mit la facilité de son talent composite au service d'une imagination calme et pondérée pour
exécuter ses grandes toiles d'histoire anecdo-
tique, dont l'intérêt, surtout littéraire, assura
la vogue retentissante. Carle Vernet fut spirituel et Horace Vernet... patriote; Couture,
Hamon et Gleyre remirent à la mode les Grecs
et les Romains, non plus figés dans l'héroïsme
des attitudes convenues, mais étudiés, ou
plutôt travestis, modernisés, dans leur vie de
tous les jours, et l'on fit de l'archéologie amusante. Enfin l'École s'honora de la grâce mondaine de Winterhalter, de l'art précis, exact
et élégant de Cabanel et de Delaunay; Fro-
mentin lui apprit à étudier passionnément les
chefs-d'œuvre anciens, tout en cherchant les
voies de l'avenir avec une généreuse inquiétude et une ingéniosité subtile; avec Ricard,
elle découvrit des harmonies nouvelles et re-
trouva, avec Baudry, la grâce antique; elle se
plut aux coquetteries souriantes et aux miè-

vreries vaporeuses de Chaplin. Mais c'est Meissonier surtout qu'elle accepta comme conseiller et comme guide : ouvrier infatigable, fier de sa science et de sa prodigieuse habileté, ignorant des hésitations et des doutes, il répudia avec un énergique mépris toutes les innovations qui lui semblaient dangereuses et presque malhonnêtes, il condamna toutes les improvisations hâtives et posa comme lois immuables l'effort obstiné et scrupuleux, la composition réfléchie, la correction impeccable du dessin.

L'École classique est donc l'héritière de tout le siècle, disons mieux : de tout le passé, car elle a des traditions qui remontent jusqu'au Poussin, en passant, ajoutent les médisants, par les Coypel et par Girodet; et deux conséquences apparaissent : elle est savante, elle est diverse.

Elle est savante : n'a-t-elle pas recueilli pieusement les leçons des maîtres, analysé leurs talents, découvert les raisons de leurs succès, formulé la théorie de leurs œuvres? C'est ainsi qu'elle est arrivée à l'intelligence très nette de la difficulté de l'art, à la conviction inébranlable que le métier ne s'invente pas, que le talent ne s'improvise pas en une minute d'exaltation, mais s'acquiert par une étude patiente et longue, et qu'il n'est pas permis d'être poète avant de savoir l'orthographe et la prosodie. Elle s'est donc formé un corps de doctrines et s'efforce de transmettre le legs des ancêtres aux générations nouvelles.

Et je sais bien qu'à l'heure présente il n'y a plus guère rien de semblable aux ateliers de jadis, où les élèves se pressaient autour du maître admiré, dont ils avaient choisi l'enseignement parce que c'est à lui qu'ils voulaient ressembler, et qu'ils prenaient pour guide, l'ayant pris pour modèle : il expliquait ses idées et sa méthode, et ses conseils étaient des oracles; on était bien alors « l'élève » de quelqu'un, et l'artiste emportait dans la vie la marque distinctive de l'atelier d'où il était sorti. C'était la règle et ce n'est plus que l'exception : soit par indifférence, soit par dédain réel ou affecté du métier, injustement confondu avec les recettes et les trucs, soit peut-être par libéralisme, généreux sans doute, mais imprudent, les maîtres ne donnent plus, pour la plupart, d'enseignement proprement dit ; ils se bornent à laisser tomber en passant quelque observation rapide, et l'instruction de l'élève ne se fait plus guère que par bribes, au petit bonheur des voisinages et au hasard des causeries. Il reste pourtant que, dans ces ateliers officiels, survit la foi en la nécessité d'un long travail préalable ; on y garde la fidélité aux traditions qui flottent encore dans l'air qu'on respire et la croyance à la valeur des principes et des règles : on les demande aux exemples, si on ne les reçoit plus des leçons.

Et ce sont justement ces traditions et ces règles que les novateurs reprochent à l'École, l'accusant de prêcher l'imitation moutonnière, de refroidir la verve et de tuer l'inspiration, de figer en formules étroites et vides les audaces et les trouvailles des maîtres consacrés, d'imposer, sous prétexte d'enseigner la grammaire, toute une rhétorique conventionnelle et creuse. Et c'est ainsi, disent-ils, qu'elle entrave tout progrès : comme si l'Art s'enseignait ! Comme s'il ne suffisait pas au peintre,

délivré de toute cette scolastique inutile, de
se fier à sa fougue et à son étoile! Et certes
il n'est pas impossible qu'une culture trop
formelle efface toute trace d'originalité chez
les médiocres; mais, à vrai dire, que seraient-
ils sans elle? Et pense-t-on sincèrement que
savoir empêcha jamais un homme de génie
de créer? En 1600, un jeune Anversois, qui
venait d'apprendre dans les ateliers d'Adam
Van Noort et d'Otho Vaenius tout ce qu'on
pouvait enseigner alors en Flandre, passa les
Alpes pour demander d'autres leçons à Rome
et à Florence, à Venise et à Gênes; neuf ans
plus tard il rentrait dans sa patrie, nourri
de la science italienne comme de la science
flamande : est-ce qu'elles l'ont empêché
d'être Rubens?

Savante parce qu'elle est l'héritière du
passé, c'est pour cela aussi que l'École classique est si diverse. Elle l'est par définition :
dans le conflit des influences de tous ces
aïeux différents, c'est tantôt l'une et tantôt
l'autre qui l'emporte; en elle retentissent encore les échos de toutes les musiques anciennes; c'est comme un pays d'une géologie

très compliquée où émergent par places des
bandes de toutes les alluvions successives.
Elle est donc très complexe et très variée,
tandis que les écoles nouvelles le sont beaucoup moins, nées d'une réforme réclamée,
d'un procédé découvert, d'un programme accepté par un groupe de révoltés, qu'unissent
des antipathies ou des sympathies communes
et qui formulent nettement leur idéal. Si ces
dissidentes nous paraissent d'abord aussi im-
portantes que la vieille École dont elles se
sont séparées, c'est qu'elles nous frappent,
nous déplaisent ou nous séduisent par leur
nouveauté même, et c'est aussi que, pour affirmer leur existence, elles font beaucoup de
bruit : les controverses qu'elles suscitent
semblent mettre les polémistes sur un pied
d'égalité; mais chacune d'elles n'est en définitive qu'une alluvion nouvelle qui va s'ajou-
ter aux anciennes, qu'un affluent plus ou
moins notable du vaste fleuve, sans cesse
grossi et sans cesse modifié. La vieille École
les absorbera, et elles la rénoveront, et de
l'École ainsi rajeunie d'autres naîtront encore,
filles ennemies, qui lutteront d'abord contre

elle pour se confondre ensuite avec elle : précieuse fusion de doctrines rivales, où chacune entre épurée de ce qu'elle avait d'étroit et d'exclusif, élargissant la conception de l'art, apportant le germe fécond d'une beauté nouvelle.

Il sera donc assez facile de définir les autres écoles; mais, pour l'École classique, si nous voulons de cette complexité dégager quelques caractères généraux, ils seront plutôt négatifs, c'est-à-dire, qu'elle n'a la marque particulière d'aucune de ses rivales, qu'elle n'offre pas le trait spécial, qui est leur raison d'être, progrès ou déformation. Elle se caractériserait donc par un juste milieu, une sorte d'équilibre de facultés; elle nous offrira peut-être moins souvent que les autres le jet spontané d'une sensation, l'expression primesautière d'un sentiment personnel ou le libre jeu d'une fantaisie, mais nous la reconnaîtrons à la volonté ordonnatrice, à la pensée directrice, à la réflexion consciente. Ses œuvres relèvent en somme d'un art plus intellectuel, et l'on voit tout de suite la grandeur et l'écueil : l'intelligence dirigeant l'œuvre

d'art, la complétant, couronnant la beauté
sensible par la beauté morale ou philosophique, c'est Raphaël à Rome et « l'École d'A-
thènes » ; l'intelligence annulant les autres
facultés, les effaçant ou leur suppléant, c'est
l'académie de Bologne et les grandes machines
des Carraches.

# CHAPITRE II



A la tête de l'École se placent aujourd'hui plusieurs artistes âgés, célèbres depuis de longues années : ce sont nos gloires officielles. Le public les admire sans restriction, les novateurs les dédaignent en bloc : comme s'il était possible de confondre dans un jugement d'ensemble des talents si divers !

Forts de leur conviction et de leur longue expérience, ces vieux maîtres ont le respect de leur art et sont tous de très experts praticiens ; mais tous ne semblent plus aujourd'hui faire également œuvre vivante : il en est qui somnolent, rêvant au passé, se complaisant à des pastiches de leurs travaux anciens, — créateurs glorieux d'un style original, dont l'accoutumance a fait un poncif. Il serait difficile de contester les qualités éminentes de leur dessin : sûreté, précision et loyauté; rien de faible, rien de truqué, pas d'obstacle évité, pas de difficulté escamotée, tous les problèmes franchement acceptés et magistralement résolus. Mais on est en droit, devant les œuvres de plusieurs d'entre eux, d'exprimer quelques regrets : ici l'imagination créatrice semble engourdie, comme figée dans la conception conventionnelle d'une grâce affadie, exclusive de toute énergie; là le pinceau, uniquement occupé de la solidité du trait et de la vigueur des contours, néglige l'enveloppe aérienne, et de ces formes, trop nettement affirmées aux dépens de l'harmonie générale, résulte une déplaisante sécheresse; ailleurs enfin la brosse, trop fidèle aux traditions académiques qui remontent aux Bolonais, dédaigne la chanson légère des couleurs et les délicatesses de la vraie lumière, et, dans un factice éclairage d'atelier, le bitume règne seul sur la toile assombrie et lourde, d'où, cette fois, la force a banni la grâce. Ces constatations étaient nécessaires : elles nous permettront d'abord de définir plus exactement des talents sérieux et savants et de mieux mesurer

l'estime qu'ils méritent, puis surtout d'admirer
à leur juste valeur les grands maîtres qui
défient toute critique.

La verve de Gérôme est intarissable : ce
conteur spirituel n'a pas son rival pour exciter
la curiosité du public. Il est le roi de l'anecdote : c'est un jeu pour son crayon ferme et
agile de ramener prestement quelque grande
scène historique à la taille d'un fait-divers; il
écrit l'histoire en reporter avisé et la résume
en petits récits nets et piquants, d'un coloris
correct et sage, où détonnent parfois quelques
sonorités trop brusques. Ses petites toiles,
minutieuses et précises, sont presque toujours
d'une ingénieuse fantaisie : il en est qui s'imposent à notre mémoire comme d'alertes et
saisissants raccourcis, et nous ne pouvons, par
exemple, penser au Père Joseph sans revoir
« l'Éminence grise ». Quelquefois aussi elles
sont mesquines et sèches : s'il s'en prend à
« Daphnis et Chloé », comme la poésie rustique n'est pas le fait de ce narrateur trop peu
sensible, les amants ingénus et délicats de
l'idylle grecque se transforment en faubou-
riens déniaisés ; et de la sémillante élégie de

« l'Amour et Anacréon » il ne nous donne en quatre tableautins qu'une image coloriée pour journal amusant. L'Orient, pittoresque et décoratif, lui réussit mieux : ses « Derviches hurleurs » nous apportent d'exacts et solides documents sur les costumes multicolores et les rites étranges de l'Islam, et, dans son « Bain de dames turques », nous avons, à côté des corps massifs et luisants des odalisques, la compensation des chaudes vibrations du soleil sur les faïences vernies et sur l'esclave noir.

Quand il consent à descendre de la cour de nos rois, des collines de la Grèce et des campagnes de la Judée pour flâner sur nos trottoirs, à quitter les héros de la poésie et de l'histoire sacrée ou profane pour observer tout simplement les comédies de la rue et les menus exploits de nos gamins et de nos badauds, quand il daigne prendre pour ses tableaux de genre de véritables sujets de tableaux de genre, comme son amusant « ? », — ce brusque attroupement, à la porte d'une boutique, de passants et de passantes groupés en rond, dont nous ne voyons que le dos, — il est naturel que sa malice alerte et son ironie vive et légère fassent merveille, comme aussi sa composition habile et sa correction savante.

Mais évidemment Gérôme, las de ses succès à demi séculaires de peintre, réserve son plus vif sentiment d'art à ses statues, où l'on retrouve le gracieux artiste « néo-grec » qu'il fut vers 1850, et surtout à ses statuettes précieuses et raffinées, « la Madeleine », courtisane d'Orient, parée comme une idole de voiles rares et de bijoux, « le Gladiateur », victorieux et servile, mendiant les applaudissements de la populace ; ou bien encore sa série équestre des conquérants, son épopée in-18°, « Bonaparte entrant au Caire », « le grand Frédéric » goguenard et bourru, « Tamerlan » alourdi, comme son cheval, d'armes et de joyaux, impassible, somptueux, inquiétant.

James Tissot est aussi un narrateur, mais il vise plus haut et le succès de sa « Vie de Jésus » fut légitime : il l'a dû surtout à la grandeur de l'effort, à la noblesse de l'intention et au réalisme consciencieux de ses études. Il nous a rapporté de son laborieux pèlerinage en Palestine une masse imposante de sincères documents sur la vie actuelle des Syriens et des Arabes; mais nous a-t-il donné une interprétation acceptable de l'histoire sacrée? On ne peut expliquer le passé, — et celui-là surtout, — par le présent : le détail exact des petites circonstances extérieures importe peu et semble plutôt inutile et presque gênant. En admettant qu'on puisse, ce dont je doute, rétablir d'une façon indiscutable le cadre matériel d'une telle vie, à quoi bon? N'est-ce pas la contingence oubliée d'une histoire immortelle? Pour me donner la sensation du réel, le frisson divin de la vérité, je me fie plus à Rembrandt, rêvant à Amsterdam sur les feuillets jaunis d'une vieille Bible qu'aux plus méthodiques reconstitutions des géographes et des archéologues. Il y faut d'ailleurs du mystère et comme une atmosphère d'horreur sacrée; et rien n'est plus éloigné des féeriques prestiges de Rembrandt que la précision sèche de la facture de James Tissot. Elle ne nuit pourtant pas à ses petites compositions de la « Vie de Jésus » : toutes sont sérieuses et loyales, quelques-unes même, charmantes; mais est-elle à sa place dans un grand tableau comme la « Réception du cardinal Langénieux à Jérusalem »? Que devient ici l'enveloppe aérienne? Dans cette vaste toile, où tous les personnages semblent se presser au premier plan, je ne vois qu'une miniature gigantesque.

Paul Dubois est le digne émule de ces infatigables producteurs de la Renaissance qui, trop puissants et trop féconds pour s'enfermer dans les limites d'un seul art, maniaient tour à tour l'ébauchoir et le pinceau et, devant la toile ou devant le marbre, restaient toujours égaux à eux-mêmes. L'illustre sculpteur de Jeanne d'Arc et du tombeau de Lamoricière est un peintre irréprochable, et sa dernière œuvre, le portrait d'une petite fille, Italienne et marquise, est, comme ses aînées, une merveille de science, de conscience, de justesse, — un peu froide peut-être, si l'on ose hasarder une légère réserve devant un tel maître, qui donne, par l'impeccable sûreté de son talent harmonieux et sobre et par la noblesse paisible de sa pensée, la sensation complète de la perfection classique.

Il est difficile de se maintenir sur ces hauteurs, et la pente est glissante de l'idéalisme austère et serein des grands artistes à l'idéalisme factice des esthètes mondains, du choix réfléchi et grave à un étroit parti pris, de la grande Renaissance italienne à Canova ou même aux modernes albâtres florentins. Une contrefaçon de mauvais aloi profite d'une analogie superficielle : sous prétexte d'ennoblir l'art, on décrète, comme un dogme intangible, une sorte d'hiératisme énervé aux formes veules et aux couleurs sirupeuses, appauvri par la crainte de tout heurt et de tout relief. Là-haut dans le ciel de la beauté pure, c'est le dieu, c'est Raphaël, et quelques rayons de sa gloire illuminent le front d'Ingres, qui médite à ses pieds, calme et résolu; à mi-chemin, voici le Primatice, dont le maniérisme rare et précieux nous inquiète déjà, nous séduit encore; mais tout au bas, au-dessous du Guide, avec Pierre de Cortone et le Josépin, avec Carlo Dolci et le chevalier Van der Werff, l'afféterie triomphe, dangereuse sirène, dont la chanson perfide est mortelle à toute simplicité comme à toute énergie.

Bouguereau l'a écoutée, la voix décevante.

On ne peut lui refuser ni la pureté du dessin ni le souci délicat de la ligne ; ses débuts promettaient un digne émule de Flandrin : voyez, à Saint-Vincent de Paul, sa Vie de la Vierge, harmonieuse et claire, non loin de la nef où le pieux maître a déroulé, graves et recueillies, les longues théories des prophètes et des saintes. Mais depuis longtemps il s'est voué à la recherche exclusive de l'élégance : son crayon habile a su tracer parfois d'irréelles figures aux contours moelleusement caressés, sans atteindre d'ailleurs à la légèreté aristocratique ni aux transparences nacrées de Cabanel ; mais son galbe s'alourdit le plus souvent et son coloris est insipide. Il ne se sert plus de son indiscutable science que pour répéter sans changement les mêmes formes conventionnelles et pour interpréter avec une habileté trop connue des rêves médiocres de grâce douceâtre et artificielle. Son pinceau méticuleux revêt soigneusement d'un vernis lisse, argenté, sucré, ses images religieuses, propres et froides, et les innombrables éditions de ses jeunes filles trop léchées qui, depuis tant d'années, accueillent d'un immuable sourire les mêmes jeux, toujours anodins, des mêmes Amours. On dirait d'un Boucher assagi et glacé, d'un Boucher revu et corrigé par Guérin.

Le réalisme intransigeant des portraits de Bonnat contraste violemment avec l'idéalisme banal de Bouguereau ; l'énergique artiste sculpte en pleine pâte de véritables bas-reliefs et accentue avec une rudesse géniale les traits caractéristiques de chaque physionomie : analyste terrible et audacieusement loyal, il scrute impitoyablement les visages, il creuse les rides de ses modèles, j'allais dire de ses victimes. Et ce sont parfois des chefs-d'œuvre, comme « Thiers » ou « Mᵉ Pasca », ou tout au moins des toiles imposantes, comme « le Cardinal Lavigerie », expressives comme « Jules Ferry » ou « le Général Davoust », « Joseph Bertrand » ou « Mᵉ Rose Caron ». Un portrait de Bonnat n'est jamais négligeable et, superbement vigoureux ou trop violent, il arrête, il saisit, il exige impérieusement l'admiration ou la critique, il ne peut être indifférent. Sa couleur est puissante et tragique ; Bonnat est de Bayonne : est-ce le voisinage de l'Espagne ?

l'influence de Ribeira? Elle est malheureusement aussi sans charme, trop souvent brune, lourde et opaque ; et pourquoi détacher ce modelé superbe et ces hardis rehauts sur ce désagréable fond marron ou lie de vin? Certes celui-là ne cherche pas à séduire : il veut dominer, il veut convaincre. Cette même volonté cornélienne, cette même virilité, ce même dédain de la grâce éclatent dans toutes ses œuvres : la résolution intrépide de sa touche leur imprime un caractère magistral et le bitume leur inflige un aspect presque farouche. Une composition décorative, comme « Le Triomphe de l'Art », devient une scène grandiose et funèbre ; une simple étude d'animaux, comme son « Aigle liant un lièvre », est une noire tragédie ; et l'on pouvait prédire que, si jamais il touchait au paysage, ce serait pour faire ressortir les parties en pleine lumière avec l'intensité d'un trompe-l'œil par l'opposition théâtrale d'ombres puissantes : voyez son « Pays Basque » et la route inondée de clarté entre les masses vigoureuses et sombres des feuillages. Pas de transitions, pas de ménagements : du noir et du blanc qui s'entrechoquent lourdement, furieusement; ce n'est pas un paysage, mais une bataille :

« C'est ici le combat du jour et de la nuit! »

Il est fait de charme, au contraire, et de poésie, le talent exquis et sain de Jules Breton, ce chantre inspiré des grâces rustiques et de la noblesse des travaux champêtres; dessinateur savant, coloriste séduisant, luministe délicat, qui voulut l'un des premiers donner une importance égale aux personnages et au paysage et les unir intimement dans l'ambiance aérienne, en allégeant la palette pour traduire les transparences limpides de l'atmosphère : et ce classique est un précurseur du plein-air. Il a dit la beauté robuste des paysannes et la grandeur symbolique et naïve des fêtes religieuses dans nos campagnes, et il a su éviter le double écueil, l'élégance factice qui affadit. le réalisme grossier qui déshonore. Cette glaneuse qui revient des champs, jambes et bras nus, tête haute, la gerbe sur l'épaule, ce n'est pas la marquise travestie en bergère qui plaisait au dix-huitième siècle, ni la médiocre allégorie, Flore ou Pomone pseudo-classique, qu'aurait réclamée le Premier Empire, pas davantage la paysanne déformée et abrutie exigée par les naturalistes forcenés ; c'est la fille de la Terre vigoureuse et fraîche : elle s'avance, très droite, d'un pas assuré, dans la paix radieuse et douce d'une fin de belle journée ; la vie au grand air a bruni son teint, mais lui a donné la souplesse et la force ; son intelligence s'est éveillée, claire et ferme, dans la lumière, et le soleil de France lui a mis un peu de ciel au cœur.

Combien de rêves n'ont-ils pas pris naissance depuis un demi-siècle, combien d'âmes ne se sont-elles pas ouvertes à la beauté devant le charme mystérieux, la tristesse douce, la séduction mélancolique de « la Malaria », la grâce idéale et fière des « Cervaroles » ? Les quatre-vingt-trois ans d'Hébert sont toujours jeunes, l'œil est toujours aussi sûr, la main aussi légère : il sait toujours traduire la noblesse tendre de la pensée par la pureté caressante des lignes, l'intensité discrète et profonde du sentiment par l'intensité savoureuse et enveloppée de la couleur. Il estompe, dans la chaude pénombre qu'il aime, la majesté poé-

tique et suave de ses vierges, la souple morbidesse de ses belles nymphes nues, l'élégance
somptueuse et la délicatesse adorable de ses
portraits féminins. Et c'est au Prix de Rome
de 1839 que nous devons, à la veille de 1900,
après soixante ans de gloire, ces riches et
pénétrantes harmonies : c'est la vieillesse
du Titien!

Henner enfin, le grand maître alsacien! Il a
créé une beauté nouvelle : on dit la grâce
hennérienne comme on dit la grâce léonardesque. Envers un tel artiste l'exigence est
un devoir : après tous ces corps d'ivoire et
toutes ces chevelures d'or, après tous ces
poèmes du clair-obscur, inspirés peut être au
début du Corrège et de Prud'hon, mais animés depuis longtemps d'un charme si personnel et reconnaissables entre tous par la symphonie éclatante et douce des blancheurs
laiteuses de la chair et de l'azur sombre et
profond du ciel, nous demandons sans cesse
d'autres merveilles; on n'a pas le droit d'être
Henner et de ne pas s'élever toujours plus
haut.

Le maître inquiète parfois notre admiration par des redites, plutôt inférieures, de ses effets célèbres. Il ne s'agit certes pas ici du reproche traditionnel et banal, qu'on lui adresserait, je crois, les yeux fermés, de « faire toujours la même chose ». Rien n'est plus injuste ni plus dénué de sens. Parle-t-on du style? Cela ne veut rien dire. Le style des autres, et des plus grands, varie-t-il davantage? Et comment, s'il variait, pourrait-on les reconnaître, tous ou presque tous, à première vue? Le style du peintre, c'est sa personnalité, c'est la réalisation de son concept propre de la beauté, c'est le mode d'expression original qu'il a créé et qui le sacre artiste. N'accuse-t-on pas à bon droit ceux qui se transforment sans cesse de ne pas avoir d'idée personnelle, d'errer hésitants et incertains? Si, chez Henner, l'uniformité apparaît plus manifeste, plus indiscutable, c'est que son originalité est plus vigoureuse et plus tranchée. Puisque le style est hors de cause, c'est donc le sujet que l'on veut dire? On réclame des titres variés dans les livrets successifs des salons? Hélas! il n'est que trop de soi-disant peintres dont la seule préoccupation est de changer chaque année l'anecdote qui amusera le public! Nous parlons art : on nous répond littérature; il s'agit de poésie : on demande un feuilleton. Ce qu'on est en droit d'exiger d'un grand peintre, ce n'est pas qu'il consente à ce changement superficiel et dérisoire; c'est qu'il se rapproche un peu plus chaque fois de ce concept intérieur de beauté dont il veut donner la traduction plastique, c'est qu'il monte par un progrès continu, insaisissable à la foule, vers une réalisation plus parfaite de son idéal.

Mais Homère lui-même sommeillait quelquefois, et quelquefois Henner sommeille : il déçoit notre attente et nous nous estimons frustrés de la jouissance promise; et certes ces œuvres-là, qu'il compose en somnolant, seraient encore le précieux honneur d'un grand musée de province. Mais qu'il se réveille, et voici des chefs-d'œuvre, dont la vraie place est au Louvre, au Salon Carré. Et c'est « La Femme du lévite d'Éphraïm » : la mort vient de glacer ce corps divin, modelé délicieusement pour l'amour et pour la vie, et, contemplant une dernière fois sa grâce pâlie, la figure du lévite se dresse dans l'ombre, immobile et douloureuse. C'est aussi ce simple et incomparable portrait de jeune fille en deuil : elle est vêtue de laine noire, mais de ces noirs chantants d'Henner se suffisant à eux-mêmes, à peine relevés de l'or d'un fin bracelet et d'une note rouge au cou, corail ou fleur, et la poésie indicible de la sombre effigie s'enlève sur un fond délicat de bleu attendri. On sait que ces deux œuvres lui ont valu, l'an dernier, la médaille d'honneur, à l'étonnement légitime du public, stupéfait d'apprendre qu'elle n'avait jamais encore été décernée à l'artiste illustre qui est une de nos gloires nationales.

Ces premiers maîtres ont de soixante-six à quatre-vingt-trois ans; ils ont reçu les leçons d'Ingres et de Delaroche, ils ont connu Delacroix : en eux, c'est tout le siècle qui survit.

# CHAPITRE III



Ces maîtres âgés transmettent intacts jusqu'à nous les souvenirs du passé et les méthodes anciennes : à côté d'eux, d'autres ont pris place, de dix à vingt ans plus jeunes. Mais, dans l'intervalle, Puvis, d'un côté, les pleinairistes, de l'autre, s'étaient révoltés contre les teintes chaudes et les solides couleurs de l'École officielle, l'accusant d'oublier l'air, la lumière réelle, la vie, de réduire l'art à des conventions d'atelier. Ils avaient prêché l'évangile nouveau des couleurs éteintes et des harmonies pâles ; et comme, dans ce mouvement très confus et très mêlé, il y avait, à côté d'injustes critiques, des vérités utiles, la plupart des maîtres de cette seconde génération, tout en gardant le précieux héritage des traditions et de la science de l'École, firent leur profit de tous les essais des novateurs et ne refusèrent pas d'éclaircir leurs palettes et d'aérer leurs compositions.

Ce fut toute une réforme luministe, et l'École connut des tonalités nouvelles, plus pâles et plus atténuées : elle aima mieux désormais ménager les passages gradués des valeurs, qu'entre-choquer les contrastes magnifiques du clair-obscur ; elle préféra le concert adouci des nuances rompues au concert retentissant des couleurs franches ; elle rechercha plutôt l'union intime des corps avec l'atmosphère qui les enveloppe que l'accentuation résolue des contours, qui les isole. Elle ne faisait d'ailleurs, — sans compter les influences rivales et les programmes révolutionnaires, — que suivre l'exemple donné par les paysagistes et par Jules Breton. Il va sans dire que le mouvement ne fut pas universel : nous parlerons des réfractaires.

C'est à l'écart, isolé dans une réserve fière, loin de la foule, loin du bruit et des vulgarités, que rêve et travaille Luc-Olivier Merson. Il consacre la finesse élégante et précise de son crayon et la grâce légère de son coloris limpide et clair à des compositions d'une ordonnance ingénieuse, d'une distinction discrète, d'une poésie délicate et parfois suave : artiste habile et savant, il a horreur de l'insuffisance et de l'à peu près ; ennemi de tout excès, il condamne également la hardiesse d'un dessin aventureux, les prodigalités d'une pâte trop riche, l'exubérance d'une couleur trop éclatante. C'est un art sobre, un peu grêle quelquefois, mais toujours admirablement correct, toujours pur et harmonieux. Pourquoi faut-il que Merson, occupé de vastes décorations, néglige le Salon depuis trop longtemps? Voici six ou sept ans déjà que nous y regrettons l'absence de ses œuvres aristocratiques et charmantes, près desquelles on trouvait comme une oasis de calme et de fraîcheur.

Le talent de Cormon est tout différent : il se caractérise par la recherche de l'énergie et même d'une sorte de rudesse. Il construit avec une franchise robuste de solides portraits, et c'est un observateur patient et sincère. Mais il ne se borne pas à traduire loyalement la nature : il met ses études exactes au service de

ses conceptions personnelles. L'esprit de Lebrun et de David souffle en lui et le pousse à
développer sur de vastes toiles des compositions longuement méditées et fortement éta-
blies. Il magnifie la réalité, en transposant le
présent, sans le déformer, dans le cadre du plus
lointain passé : pour donner libre carrière à
cette imagination savante qui vise au grand,
il a pris pour domaine les siècles primitifs
de la terre et de l'humanité ; il se plaît à retracer les scènes grandioses et simples de la
préhistoire et à faire revivre les âges dis-
parus,

« Les jours évanouis et le jeune univers ».

Il s'est tourné, il est vrai, vers les siècles classiques dans ses « Vainqueurs de Salamine »,
mais il est le plus souvent resté fidèle à l'inspiration de son célèbre « Age de pierre » :
voici Caïn vieilli guidant à travers la plaine
désolée l'exode de sa famille maudite et fu-
gitive ; voici les hommes de l'âge de fer célé-
brant les funérailles d'un de leurs chefs.

Ses dernières œuvres forment tout un cycle
de travaux considérables, dix grands pan-

neaux qui décorent une salle du nouveau muséum d'anthropologie : ils disent l'épopée rude et naïve des premiers pêcheurs, des premiers chasseurs, des premiers bergers, les efforts gauches et touchants des premiers inventeurs, les ébauches maladroites, les industries naissantes; puis, sur l'immense plafond, se déroule l'ascension tourbillonnante et enthousiaste des races humaines qui sortent des bas-fonds de la sauvagerie ancestrale pour s'élancer, conduites par la Grèce, vers la lumière, vers le soleil, vers la civilisation. La pensée est forte et grave, la couleur, qu'il réduit ordinairement à des teintes rousses et neutres, s'allège ici, s'égaye même parfois dans une tonalité plus fraîche, et la majesté puissante et souvent austère de ces nobles pages s'éclaire, comme d'un sourire, de quelques trouvailles d'une grâce exquise. — l'élégance barbare du forgeron hindou et de sa brune et souple compagne aux cheveux noirs, le charme délicat de la jeune fille blonde, presque une enfant encore, de la « Distribution du pain aux laboureurs » : vision vraiment délicieuse par l'harmonie très douce du bleu pâle de la robe et des blancheurs tendres des jambes et des bras nus.

Si Cormon est notre poète épique, Jean-Paul Laurens est notre historien. C'est grâce à lui, et presque à lui seul, que la grande peinture d'histoire n'est pas morte : il n'a parmi nos jeunes peintres que de rares émules qu'on puisse citer; les maîtres célèbres se désintéressent de ce genre, classique pourtant par excellence, et les comparses ne nous donnent que de tristes pastiches.

Jean-Paul Laurens doit son talent si grave et si probe à son travail acharné, à sa laborieuse persévérance : c'est le plus infatigable des ouvriers, le plus expert des praticiens. Nul ne connaît mieux son métier, nul ne possède plus complètement toutes les ressources de l'art académique jointes à toutes les innovations de l'art d'aujourd'hui. Il unit aux qualités du narrateur, — qualités nationales qui furent souvent les plus naturelles et les plus estimables de notre École Française : intelligence ordonnatrice, sens dramatique, émotion littéraire, — une loyale franchise, une décision raisonnée et sereine et l'érudition sé-

rieuse d'un archéologue convaincu. Nous avons
retrouvé dans ses dernières créations ses mérites ordinaires de compositeur réfléchi, d'artiste consciencieux et averti, dont la pensée est
toujours nette, la volonté toujours ferme et la
main toujours sûre, un Horace Vernet qui saurait peindre, un Delaroche dont le talent irait
de pair avec l'intelligence.

Son œuvre la plus suggestive est probablement son illustration des Récits Mérovingiens :
elle évoque, d'une façon plus saisissante encore
que le texte de Grégoire de Tours vivifié par
Augustin Thierry, cette époque brutale et
naïve avec son luxe massif, sa vigueur barbare
et son paradoxal mélange de deux mondes
ennemis, Rome et la Germanie, qui se déforment en se pénétrant. Il égale pourtant la
puissance de ces dessins tragiques dans quelques petits tableaux, sobres et poignants,
comme ses « Hommes du Saint-Office » ; il a
brossé de savoureuses figures comme le superbe mousquetaire noir de son « Arrestation
de Broussel » ; il s'élève par instants à un art
exquis, comme dans le portrait de son fils Paul-
Albert, œuvre admirable de vie, d'élégance et

d'accent. Et, si plusieurs de ses grandes toiles, comme, par exemple, les fameux « Emmurés de Carcassonne », nous paraissent trop sages, un peu froides peut-être et un peu sèches, quoique toujours solides et graves, s'il nous semble parfois qu'il leur manque la petite flamme céleste, le je ne sais quoi, le charme vainqueur, c'est que, devant un tableau d'histoire, nous pensons involontairement à Delacroix.

Plusieurs de nos grands romantiques appartiennent à cette sorte prodigieuse de créateurs qui marquent tout ce qu'ils touchent d'une empreinte indélébile et dont les œuvres défient toute rivalité par le caractère extraordinaire de leurs beautés et de leurs défauts eux-mêmes, par leur sublime ou par leur extravagance, et, comme on le disait de Michel-Ange, par leur « terribilità ». Ces gens-là sont formidables : quand ils se trompent, ils tuent un sujet sous eux; leur œuvre n'était pas acceptable, aucune autre n'est plus possible : après le Balzac de Rodin, après la tête de phoque monstrueux qui couronne le mégalithe informe, scandaleux et illustre, quel autre

Balzac hélas ! ne nous paraîtrait fade et insipide ? Mais quand ils réussissent, quand ils nous
éblouissent du chef-d'œuvre titanesque qu'ils
avaient rêvé, quelle ombre colossale ils pro-
jettent sur la route qu'ils ont suivie ! Que tout
récit paraît terne après l'épopée lyrique de
Michelet ! que tout tableau d'histoire semble
froid après « Les Croisés à Constantinople »
ou « La bataille de Taillebourg » !

C'est l'honneur de Laurens de n'avoir pas
désespéré et d'avoir montré qu'il y avait
toujours place pour la science et pour l'intelligence, même après l'envolée triomphale
d'un Delacroix : son nom restera indissolu-
blement uni dans l'histoire de l'esprit français
aux noms éminents des écrivains qui ont osé,
après Michelet, ramener l'histoire du ciel sur
la terre et proclamer les droits de l'érudition,
de la clarté, de la mesure et du goût, im-
prescriptibles même après le règne du génie.

Et, comme s'il se faisait un généreux devoir
d'affronter fièrement les plus redoutables comparaisons, non moins qu'au passé romantique,
il s'oppose au renouveau idéaliste. Sa « Mort
de sainte Geneviève » fait vis-à-vis, dans le

chœur du Panthéon, aux dernières compositions historiques de Puvis de Chavannes,
« Sainte Geneviève ravitaillant Paris affamé »
et « Sainte Geneviève veillant sur la ville endormie » ; et ce sont vraiment deux arts qui s'affron-
tent, contraires et presque contradictoires,
comme le rêve et la réalité. Quel surprenant contraste, de cette intransigeante synthèse, qui réduit le réel au minimum, dégage
les grandes lignes et géométrise les contours,
à cette analyse sincère et précise, qui ne sacrifie jamais le détail et ne s'interdit pas toujours d'inutiles morceaux d'apparat, — de
cette harmonie atténuée, qui complète délicatement la décoration de l'édifice en contri-
buant à l'unité d'impression et qui glisse le
long de la vaste muraille comme l'écho lointain d'un souvenir, à cette peinture vigoureuse, qui, jalouse de sa solidité, refuse de
s'immoler à l'architecture et se dresse dans
sa sérieuse vérité comme une reproduction
consciencieuse et robuste de la vie !

Aussi loin, par son réalisme résolu, de la
fadeur banale des conventions académiques,
qu'il l'est, par son classicisme réfléchi, du na-

turalisme grossier et, par son clair bon sens, de l'enthousiasme lyrique ou de la poésie transcendante, Laurens ne semble-t-il pas tenir un juste milieu, à distance égale de tous les extrêmes? Il se place à mi-chemin entre Delacroix et Puvis, comme la science, qui observe les faits concrets avec exactitude, les exprime avec précision et les dispose avec méthode, entre la passion, qui les magnifie dans un élan d'héroïsme surhumain, et la rêverie, qui les simplifie par une abstraction philosophique.

Il n'est guère de peintre plus généralement applaudi que Detaille, mais il n'en est guère qui soit plus rabaissé par quelques délicats, fatigués de ses succès qu'ils trouvent exagérés; et l'on peut expliquer ces jugements contradictoires.

Il ne faut lui demander ni verve primesautière ni fougue créatrice, et sa laborieuse correction, sa netteté graphique, son souci méticuleux du détail ne vont pas sans soupçon de froideur et de monotonie. Les accessoires, trop minutieusement traités, usurpent une importance démesurée, difficilement compatible avec l'unité de l'impression et l'ampleur de l'effet ; et, quel que soit l'intérêt documentaire des costumes et des uniformes, devraient-ils jamais jouer le rôle principal? Ses grandes pages historiques, comme « la Reddition de Huningue », manquent d'air et de relief, et sa facture est souvent sèche, sans accent hautain ni grâce légère. Il a peint quelques toiles officielles et guindées : tel « le Soir de la Revue de Châlons », où les cuirassiers saluent de l'épée, dans les rouges lueurs du soleil couchant après l'orage, le départ des souverains russes et de Félix Faure. Mais, d'autre part, ce très habile illustrateur a le sens de la composition émouvante : c'est un dramaturge avisé dont les effets sont certains. Son expérience consommée, sa mise en scène ingénieuse et naturelle, son crayon facile et exact ont assuré sa popularité : il est, comme Laurens, de la vieille lignée française des narrateurs clairs et pittoresques. Un souffle de poésie et d'héroïsme passe dans son célèbre « Rêve », et, dans ses petites scènes, toujours intéressantes, il est le Gérôme des anecdotes militaires. Parfois même il atteint

à une délicatesse exceptionnelle et à une séduisante harmonie, comme dans « La victoire est à nous! », — l'armée acclamant
l'Empereur, le soir d'Iéna : monté sur un
fin et nerveux cheval blanc, au corps souple,
aux narines roses, à l'œil inquiet, le héros
s'avance, escorté de ses généraux chamarrés
d'or, et, dans un transport de joie et de fierté,
dans un élan de dévouement et d'amour,
les soldats lui tendent les drapeaux pris sur
l'ennemi, les lourdes aigles prussiennes. —
Il faut avouer que Detaille approche ici de
Meissonier par l'étonnante précision et la
finesse spirituelle du dessin et par la grâce
séduisante du coloris et l'éclat de la pâte
transparente et comme émaillée.

Ces inégalités, Pharaon de Winter ne les
connaît pas, et l'on retrouve dans tous ses
portraits ses éminentes qualités, force et mesure, exactitude et sobriété : ses effigies de
religieuses sont peut-être, par leur vivante
réalité et leur dignité paisible, ses plus nobles
créations. Le chef respecté de l'école de Lille
semble, par la simplicité de ses moyens, par
la scrupuleuse probité de son dessin, par la

vérité de son analyse psychologique, faire revivre Philippe de Champaigne, mais avec un
souci nouveau des délicatesses de la lumière
claire.

Une femme énergique a pris place à côté
de ces maîtres, unissant, elle aussi, à la réflexion et à la solidité anciennes la science
nouvelle de l'air et de la libre lumière : M^{me} De-
mont-Breton est fille, nièce et femme d'artistes
célèbres. Avec une résolution et une vigueur
virile, elle campe sur la plage, devant la mer,
ces pêcheurs et ces pêcheuses, dont elle aime
la force et la hardiesse ; avec une douceur féminine, elle caresse le corps gracile d'une petite fille, qui se joue entre les vagues, ou les
voiles blancs de la Vierge consolatrice qui
berce l'Enfant divin.

# CHAPITRE IV



LA RÉFORME LUMINISTE : LES MAITRES
DE LA COULEUR

Merson et Detaille, de Winter et M^me Demont, Cormon et même Jean-Paul Laurens
— malgré la richesse ordinaire de sa pâte
et l'éclat exceptionnel de quelques puissants
morceaux, — sont, avant tout, des dessinateurs ; passons de Florence à Venise : arrivons
aux coloristes proprement dits.

Sans doute les uns et les autres, par l'é-
quilibre des qualités et la forte pondération
qui caractérisent l'École classique, sont des
artistes complets : ni les dessinateurs ne se
désintéressent de la couleur, ni les coloristes
ne négligent la forme et le modelé, et nous
ne voyons pas chez eux les partis pris exclusifs dont se targuent les intransigeants des
autres écoles. Mais on ne saurait pourtant

nier que ceux-là soient séduits surtout par la beauté linéaire et ceux-ci par la beauté colorée, et nous retrouvons, dans cette seconde génération de maîtres, — atténuée, il est vrai, en général par les préoccupations nouvelles de la lumière, qui allège et éclaire les pâtes sombres, et de l'atmosphère, qui estompe la précision sèche des contours, — la même différence que nous remarquions tout à l'heure entre la finesse graphique de Bouguereau et les ombres chaudes de Hébert, entre les contours délicats et purs de Paul Dubois et les savoureux contrastes du clair-obscur de Henner.

L'un d'entre eux pourtant semble bien avoir toujours eu un égal souci des belles lignes et du riche coloris, et cet équilibre parfait, joint à une éducation tout académique et à un soin scrupuleux de la composition savamment ordonnée, font de lui le plus classique de nos maîtres : d'autant plus que, sans être hostile de parti pris à la réforme luministe, il ne l'accepta que partiellement. Ce que Jean-Paul Laurens a fait pour l'histoire, Henri Lévy l'a tenté pour la mythologie et pour la légende, grecque ou biblique : il a voulu ranimer des genres dont la vie se retirait; mais, tandis que Laurens acceptait toutes les idées récentes et sauvait le genre en transformant le style, Henri Lévy restait fidèle aux traditions du passé. Il résolut de ne demander qu'à sa propre ingéniosité et à son goût raffiné les ressources nécessaires pour rajeunir ces traditions, les assouplir, les perpétuer : il voulut sauver le genre sans sacrifier le style consacré. Son « Sarpédon porté à Jupiter », son « Œdipe s'exilant de Thèbes » sont de précieux témoignages de ses recherches originales et séduisantes : et nous avons retrouvé dans sa dernière œuvre, dans ce « Samson et Dalila », inspiré de Vigny, le même amour des formes élégantes et fermes, nerveuses et sveltes, de l'expression pathétique, des harmonies puissantes du clair-obscur, des colorations tragiques et chaudes. Sa palette semble aujourd'hui plus variée et plus brillante, mais c'est toujours la même tenue générale de l'œuvre, la même conscience et la même solidité : et c'est un art très particulier et très intéressant, une sensibilité toute moderne animant une conception ancienne, quelque chose comme une tragédie classique, régulièrement composée en cinq actes et fidèle aux trois unités, mais écrite par un romantique et versifiée par un parnassien.

C'est à Maignan et à Flameng que nous demanderons la chanson légère des tonalités claires et joyeuses : Albert Maignan est un beau peintre, amoureux de la gaieté des couleurs vives et transparentes; c'est un poète, qui, après avoir évoqué dans une pâle harmonie les visions flottantes et imprécises du « Rêve de Carpeaux », a célébré d'une brosse habile et savante la féerie verte et vaporeuse de « l'Absinthe » et les somptuosités translucides du fond de l'Océan, éblouissements féeriques de la bijouterie sous-marine, reflet laiteux des perles et rouges lueurs du corail. Il a su, sans les alourdir, donner un air de richesse et de fête à de grandes compositions décoratives, comme ce vaste plafond où il glorifie l'industrie de Saint-Étienne, les métiers diligents et les forges flamboyantes, l'acier des armes et la soie des rubans.

Inquiet, complexe, curieux de tout progrès,

ouvert à toute idée nouvelle, François Flameng est un séduisant artiste et un irréprochable exécutant : nous l'avons retrouvé, tel
que nous le connaissions, aux derniers Salons
où il est reparu après une longue absence. Il
a mis sa verve coutumière et son beau métier
à lancer contre les Anglais et les Écossais de
Wellington, par-dessus le ravin comblé de
cadavres, la fougue héroïque et désespérée
des cavaliers de Waterloo; et c'est une merveille de vie, de mouvement, de transparence
aérienne, c'est la mêlée formidable saisie dans
la vérité lumineuse de l'atmosphère. Puis voici
« Le soir d'Iéna », — la rencontre avec Detaille est curieuse et permet d'instructives
comparaisons, — l'Empereur paraît à cheval,
les soldats enthousiastes, les blessés, les mou-
rants eux-mêmes acclament la fortune de la
France, et les étendards aux vives couleurs,
dressés dans la lumière, saluent le César triomphant. Ailleurs Flameng rivalise de brio avec
Carolus en exprimant la beauté saine et
fraîche d'une jeune femme brune et les cha-
toyements de sa robe de satin blanc : dans
leurs genres si différents, ces œuvres sont

également étonnantes, les unes de justesse et de légèreté, l'autre de solidité et de richesse, et, comme il paraît invraisemblable qu'elles soient sorties de la même main, elles montrent, une fois de plus, les ressources singulières et l'extraordinaire souplesse de ce pinceau prestigieux, auquel il n'est rien d'impossible.

Carolus Duran est le plus éclatant de nos coloristes. Ce Lillois se souvient des traditions de ses ancêtres : Flamands ou Espagnols? Rubens ou Murillo? Il dédaigne les tons rompus et les nuances éteintes; il aime les joyeux et splendides concerts des belles couleurs, franches et vibrantes, audacieusement juxtaposées. Éclaircir la palette? Oui, sans doute; mais pour faire chanter davantage le coloris, comme Véronèse après Titien, non pas certes pour l'atténuer et l'attrister dans une tonalité terne et grisâtre, comme les Romanistes des Flandres après Memling. Son génie facile et spontané ne connaît ni l'effort ni les longs travaux : et peut-être parfois lui échappe-t-il des œuvres trop lâchées, dont le dessin même prête à discussion; mais de tous

ses rivaux, qui l'accusent à l'envi de laisser-
aller et d'incurie, quel est celui qui ne s'enor-
gueillirait, comme de précieuses trouvailles,
de ces toiles contestables et brillantes qui ne
nous satisfont pas complètement, parce qu'elles
sont signées de lui? Plus souvent il caresse
avec amour des carnations lumineuses, de
souples nuques, des torses palpitants, des chevelures vénitiennes; il rivalise avec Lawrence
dans ses somptueux portraits de femmes, où
le velours et la soie chantent des hymnes
triomphaux; il ébauche avec une fougue juvénile des scènes pathétiques, où passent des
ressouvenirs de Rubens, « Obsession »,
« Christ en croix », magnifiés par les tragiques colorations des nuages et du ciel; ou
bien encore il improvise des merveilles dans
un quart d'heure d'inspiration et de victorieuse
allégresse, comme cette figure du vieil et illustre peintre Français, adorable de bonhomie
spirituelle et de santé souriante.

C'est au contraire aux demi-teintes, aux
couleurs dégradées, aux nuances délicieusement atténuées qu'Humbert demande ses harmonies sobres et fines. Ses tableaux religieux

nous le montrent novateur avisé, aussi ingénieux que savant : très classique par la composition réfléchie et forte, tout moderne par
la tonalité transparente et légère. Devant le
triptyque de « Marie-Magdeleine », on peut
sans doute, malgré la poésie mélancolique de
l'idée et la sûreté d'une exécution qui ne laisse
rien au hasard, discuter le panneau central,
le Christ mort et la Madeleine en pleurs, et
le volet de droite, la Madeleine pénitente et
vieillie : ces tons gris et mornes, qui paraissent un peu monotones, étaient-ils indispen-
sables à l'effet voulu de tristesse et de deuil?
Mais, si le Christ en croix de Carolus est plus
dramatique, on ne saurait nier que de l'œuvre d'Humbert ne se dégage une impression
poignante de douleur muette. Et qui serait
insensible à la séduction de la délicieuse figure
du volet de gauche, la Madeleine au prin-
temps de sa vie, dans sa fleur de beauté, de
jeunesse et de grâce?

Dans ses portraits, Humbert touche à la
perfection par l'accent personnel, par le style,
par l'observation spirituelle et juste, par le
charme délicat du coloris : Jules Lemaître

nous regarde, assis à sa table de travail, et c'est la vie même que cette figure de chat savant et subtil, ce large front, cet œil ironique, ce sourire contenu de scepticisme érudit et de prudente malice. Dans cet exquis portrait féminin, « M⁰ P. S. », une élégance noble et réservée, une fierté spirituelle et douce s'expriment par la précision caressante du dessin et la discrète mélodie des cheveux blonds, du chapeau noir, du manteau rouge-brique et de la fourrure grise. Voici encore deux fillettes, deux sœurs, debout côte à côte : quelle sincérité, quelle grâce naturelle, quelle naïve coquetterie !

Ce sont ces finesses qui pourraient nous rendre injustes pour Carolus : au Luxembourg se font face deux toiles des deux maîtres, un portrait de femme d'Humbert, une jeune mère avec ses deux enfants de Carolus, et la délicatesse de l'une semble à première vue arguer l'autre de trop de solidité et de raideur, — lui reprocher « d'être en zinc », comme disent brutalement les détracteurs de parti pris, qui regrettent les harmonies plus fines de « La Femme au gant » ; — mais celle-ci pourrait, à son tour, accuser la première d'inconsistance et de flou. C'est ici qu'un intelligent éclectisme s'impose : au lieu de gâter à plaisir notre joie par un exclusivisme maladroit, ne vaut-il pas mieux admirer successivement l'une et l'autre, nous laisser prendre tour à tour à leurs séductions contraires, aimer, chez Humbert, la légère souplesse, la douce et subtile chanson des tons gris, et, chez Carolus, les notes sonores de la soie noire, du satin perlé et du velours bleu et le concert superbe des cheveux blonds roux de la fillette et de la gamme variée des jaunes, jaune vif des broderies d'or de sa robe, jaune tendre de la rose qu'elle tient à la main, jaune assourdi de la draperie du fond ?

Un sculpteur célèbre, Antonin Mercié, a voulu, lui aussi, traduire sur la toile les délicatesses d'un beau corps féminin et les morbidesses des carnations blanches et roses : son pinceau a des douceurs, des tendresses, qu'on n'aurait pas attendues d'une main habituée à l'ébauchoir. Il s'est donné ainsi ces joies divines de la couleur, dont beaucoup d'autres sculpteurs, et des plus grands,

Gustave Michel avec ses pierres polychromées, Barrias avec ses marbres variés et ses onyx, voudraient ravir le monopole à la peinture pour en doter leur art assoupli et enrichi : tentative infiniment séduisante pour franchir les limites artificielles que fixa arbitrairement la Renaissance et que ni l'Antiquité ni le Moyen Age n'avaient connues.

# CHAPITRE V



## LES CONSERVATEURS

Nous venons de voir que l'École classique n'est pas restée fermée aux idées nouvelles : la plupart des grands artistes de la seconde génération ont fait leur profit de toutes les réformes heureuses et pris leur bien où ils le trouvaient, sans oublier cependant les fortes leçons des maîtres académiques ni renoncer aux principes essentiels du grand art. Quelques-uns pourtant ont résisté au courant et refusé toute concession, estimant que, si l'art classique avait été compromis par de regrettables abus, ce n'était pas une raison de le modifier, mais de le relever, au contraire, et de l'illustrer, s'il se pouvait, par de nouvelles œuvres, sœurs des chefs-d'œuvre anciens.

Après les brillantes scènes d'Orient et les hiératiques princesses byzantines qui l'ont

rendu célèbre, Benjamin-Constant nous a
donné d'éclatantes décorations, d'une audace
savante et d'une féerique magnificence, souvent aussi de superbes portraits, vivants et
chauds, comme celui de son fils, qui évoque
le souvenir du Titien par la gamme magistrale des bruns profonds et dorés.

Plus nous avions admiré jusqu'alors sa
fière décision, ses larges et sonores harmonies, la richesse vénitienne de son coloris,
plus il nous étonnait, depuis quelque temps,
par une sorte d'évolution rétrograde, par
une réaction, évidemment voulue, mais trop
absolue, contre les clartés nouvelles : sa
solidité devenait de la raideur et ses tons
ardents des tons brûlés. Sans doute ses œuvres avaient encore du caractère et du style ;
psychologue ingénieux, il aimait à fixer des
types généraux dans des figures choisies :
ici l'image en pied du sportsman émérite, sûr
de soi, dédaigneux et blasé, là l'effigie plus
compliquée, plus intellectuelle, du ministre
diplomate. Mais dans ce travail d'atelier, réfléchi et puissant, il renonçait à tous les progrès récents : il oubliait ou négligeait l'air et

la lumière ; sa pâte, cuite et recuite, s'obscur-
cissait et s'enfumait dans les bruns épais et
opaques d'une tonalité trop lourde : à côté
de ce Hanotaux, le général Davoust de Bonnat paraît léger et clair. Le portrait du comte
Vitali était plus inquiétant encore : dur, sec,
puissant toujours, mais à la façon d'un bas-
relief taillé dans un panneau de vieux chêne,
— du bois robuste et terne, mais non plus
certes de la pâte colorée, grasse et lumineuse.

Il semble bien aujourd'hui s'être enfin arrêté
sur la pente périlleuse : ce n'était probablement qu'une protestation à outrance contre
les excès du plein air ; et nous avons retrouvé le beau peintre, que nous avions momentanément perdu, avec l'effigie triomphale
de « M^{me} Van Derwies », où les notes orange,
capucine et or-vert de la robe et du parc ensoleillé s'accordent somptueusement dans la
splendeur d'une harmonie rose, et avec la
figure du « baron Sipière », dont le ferme
modelé et l'énergique accent n'excluent pas
cette fois la lumière.

Une réaction aussi consciente, un culte
aussi intransigeant du passé nous surpren-

draient davantage encore chez Aimé Morot, car
un des premiers parmi les classiques, il eut le
souci de l'enveloppe aérienne et des clartés
blanches : le succès du Waterloo de Flameng
ne doit pas nous faire oublier sa « Charge de
Rezonville », où il donna, avant tout autre,
l'expression saisissante d'une mêlée de cava-
lerie dans son mouvement réel et sa lumière
vraie. Ce maître avisé et infiniment habile a
souvent aussi peint de très beaux portraits,
d'une tenue solide, criants de ressemblance.
Serait-ce le caractère de ses modèles, personnages officiels et représentatifs qui donne
à ses dernières toiles quelque chose d'académique et de convenu? Son « Prince d'Aren-
berg » n'est pas une œuvre médiocre, quoiqu'un peu dur et sombre, mais son « Duc
de la Rochefoucauld » monté sur un superbe
cheval noir, le duc et la bête grandeur et
grosseur nature, n'est qu'un portrait d'apparat pour galerie d'ancêtres, solennel, apprêté
et lourd, malgré la largeur de la touche et
l'incroyable aisance d'une brosse qui se joue
des difficultés.

Dans d'autres toiles encore, comme son

« Detaille » en costume académique, il nous inquiète par la minutieuse précision, l'exactitude imperturbable, l'implacable fini de l'exécution : habit noir, broderies vertes, poignée dorée de l'épée, bicorne officiel, tout est parfait, et la figure l'est également, ni plus ni moins que tout le reste. Devant cette uniforme perfection, nous pensons à Van der Helst : et l'on sait ce que devient, dans le célèbre salon du musée d'Amsterdam, le trop sage Banquet, si juste pourtant et si vrai, du maître sans défaut, à côté de cette Ronde de nuit, inexplicable, incompréhensible et souveraine! Nous avons le droit de demander une invention plus originale et une exécution plus savoureuse à un artiste dont la science est prodigieuse et dont la dextérité et la prestesse tiennent du miracle : n'est-ce pas lui qui, racontant à quelques amis un voyage en lointain pays, avait saisi le pinceau pour commenter ses descriptions? Quelle que fût la verve du narrateur, la parole n'allait pas plus vite que la main, les monuments et les villes s'élevaient, les sites se précisaient, les bêtes et les gens s'animaient, les scènes entières se déroulaient au courant du récit devant les spectateurs émerveillés.

Quant à Jules Lefebvre, on ne peut l'accuser d'avoir varié; il n'a jamais balancé entre les chaudes harmonies de la tradition académique et la chanson légère des tonalités plus claires : elles lui sont également indifférentes. Il est toujours l'émule enthousiaste d'Ingres, le dessinateur impeccable et exclusif, l'amoureux des formes pures, regardant la couleur comme un complément sans importance; il a pour elle le dédain calme et absolu qu'un disciple intransigeant de David pouvait concevoir pour les barbouillages roses de Fragonard. A peine accorderait-il qu'elle est la partie féminine et sensuelle de l'art : comme Ingres, il l'appellerait volontiers « la teinte ». Il la sacrifie en tous cas sans hésiter à l'élément viril et intellectuel, au dessin, « qui constitue », répéterait-il sans doute après le grand maître classique, « les trois quarts et demi de la peinture ». Que d'autres recherchent des tons délicats, des pâtes savoureuses, de fines valeurs, des transparences aériennes! qu'ils suivent l'entraînement général! Pour lui, il y

résistera toujours, inébranlable dans sa foi;
et quand la dévotion de la ligne ne garderait
plus qu'un seul fidèle, sourd aux voix du dehors, inaccessible aux tentations étrangères,
il serait celui-là. S'il consent à étendre sur les
vêtements et les accessoires ce coloris propre
et correct, sans chaleur et sans éclat, et sur
les figures ce vernis lisse, grisâtre et terne,
c'est pour faire une concession à la frivolité du
public.

Mais est-il besoin que le pinceau ajoute
une séduction nouvelle au noble charme de cet
irréprochable dessin? Il se suffit à lui-même.
Qui songerait à réclamer au pur, au sobre
Mérimée les sonorités grandiloquentes de Michelet? Le crayon de Lefebvre est incomparable de précision, de justesse, de légèreté,
et l'artiste joint le goût le plus fin à la conscience la plus scrupuleuse, à l'analyse pénétrante et ferme du caractère : à nul autre
on ne pourrait demander de plus fortes leçons
de tenue et de style. Il est égal à lui-même
dans ses dernières œuvres; et ce n'est pas
un mince mérite, puisque ces portraits
d'hommes âgés, l'un surtout, gros et pesant,

offraient de graves obstacles à son art délicat, au lieu de le seconder comme cette aimable effigie de jeune femme en robe de velours
noir, un bouquet de violettes au corsage,
« Madame R. », ou comme ces frêles images
de jeunes filles, auxquelles il s'est si souvent
complu et qu'il caressait avec tant d'élégance
et de grâce.

Dessinateurs ou coloristes, progressistes ou
conservateurs, voilà les Maîtres Classiques, les
chefs célèbres de l'École. On peut sans doute
discuter leurs talents et leurs œuvres et faire
toutes les réserves nécessaires ; ils n'en sont
pas moins les représentants par excellence,
les directeurs officiels et comme les hérauts
du classicisme.

Et maintenant, parmi les artistes plus
jeunes, quels sont leurs successeurs désignés,
héritiers présomptifs de leur autorité et de
leur gloire ? Et que sont devenus, entre les
mains de ces épigones, l'Histoire et le Portrait ?

II

# L'ÉCOLE CLASSIQUE
### (SUITE)

## CHAPITRE PREMIER

### L'HISTOIRE

Le mouvement réaliste de la seconde moitié du siècle ne semble pas avoir été favorable à la peinture d'histoire. Elle est restée en général indifférente à la réforme luministe; et l'on peut se demander si l'imagination créatrice n'a pas singulièrement souffert du souci exagéré de l'observation scrupuleuse : lui aurait-on coupé les ailes? Il semble bien ici que la tradition classique se traîne péniblement dans des pastiches sans intérêt et que les efforts les plus respectables soient impuissants à vi-

vifier des formules démodées : religieuses ou mythologiques, historiques ou légendaires, hélas! qu'elles sont creuses et insipides, la plupart des grandes compositions, agencées selon les errements rebattus! Ils n'ont donc rien appris ni rien oublié, ces ci-devant, attardés aux sujets académiques à la mode de 1830, enlisés dans la vieille ornière? Leurs toiles, correctes et inutiles, nous étonnent comme le témoignage fossile d'un art défunt. Et vraiment quel intérêt peut-on trouver à retracer médiocrement, d'un style suranné, des scènes qui ont inspiré depuis six siècles des centaines de chefs-d'œuvre? Cette insoluble question nous rend tout mélancoliques devant des Vierges, des Calvaires, des Descentes de croix, où se sont appliqués malencontreusement des talents honorables qui auraient si bien pu s'employer autrement, en s'assignant une tâche à leur taille.

Respectons chez des artistes âgés une fidélité touchante à un passé qu'ils ont connu et aimé; mais pourquoi des jeunes gens essayent-ils de ressusciter ce passé? Et qui forçait ces débutants à nous donner des travaux d'école prétentieux et ternes, des académies lourdes et désagréables? Pourquoi d'autres se sont-ils laborieusement assimilé le style Louis-Philippe, solennel et ennuyeux, pour de vastes tableaux d'apparat? Est-ce un hommage rendu au musée de Versailles? Que nous veut cette muse au bois dormant, parée des atours de nos grand'mères?

Quelques chercheurs hardis et ingénieux, qui se refusent à piétiner sur place, ont heureusement échappé à cette routine machinale : ils voudraient ranimer par une juvénile ardeur un genre d'où la vie semble se retirer. Rendons justice à ces généreux efforts : pour cette tâche ardue, les tâtonnements, les insuccès mêmes sont excusables, s'ils témoignent des recherches personnelles et des audaces originales.

Recherches inquiètes en vérité et tentatives souvent contradictoires! Que décider dans le conflit des influences qui partagent l'École? Faut-il accentuer avec énergie les méthodes anciennes? ou greffer le plus récent idéal sur les traditions classiques pour faire éclore sur le vieil arbre des fleurs nouvelles?

Pour Courselles-Dumont, la légende se précise en histoire réelle avec ses « Pêcheurs retrouvant la tête d'Orphée », tandis que l'histoire se dissout en légende avec son « Conquérant », Napoléon symbolique et fatal qui poursuit sa course farouche dans un cauchemar douloureux. Delabarre hésite entre le riche coloris de sa « Judith » opulente et massive, dont la beauté fauve brille d'un sombre éclat dans la chaude pénombre, et les teintes pâlies, l'harmonie discrète de son « Ophélie », que les nymphes reçoivent au fond des eaux. L'avenir ne serait-il pas aux sujets romantiques dont l'intérêt littéraire se relèverait du charme de la couleur et des séductions du clair-obscur? Maurice Demonts caresse de rayons argentins trois jeunes châtelaines, qui écoutent un ménestrel dans une salle gothique, ou enveloppe de mystère le groupe fantastique des « Sorcières » par le contraste des rouges lueurs de leur foyer magique, qui flambe dans la caverne ténébreuse, et de la clarté pâle et froide de la lune, qui éclaire au dehors la nuit sereine.

Aurèche a recours, comme Bonnat, aux clas-

siques tristesses du bitume pour accentuer par
des ombres redoutables l'horreur de l'antre de
« la Pythonisse », où le spectre de Samuel se
dresse menaçant devant Saül. C'est dans une
obscurité tragique que les noires « Euméni-
des » de Sieffert, couchées au hasard sur les
degrés du temple, s'éveillent à la voix de
Clytemnestre qui crie vengeance, et l'artiste
a rendu habilement les transparentes profondeurs de la lugubre pénombre. Mais les ténèbres s'épaississent sur les toiles mythologiques ou bibliques de Louis Roger; et Raoul
Barbin, poussant à l'extrême les pratiques de
son maître Benjamin-Constant, ensevelit dans
une nuit opaque et lourde, dans une nuit de
tombeau, sa gigantesque composition, « La
conspiration des Pazzi » : à peine devine-t-
on ici et là une chaude harmonie de rouges
et de verts, mais sans rien discerner nettement. Nous voilà aux antipodes du mouvement luministe! Thivier suit, au contraire,
l'exemple de Cormon, et c'est dans l'éclairage
uniforme et blanchâtre de la lumière diffuse
que, s'inspirant de Flaubert, il raconte,
non sans vigueur, le désastre des Merce-

naires de Carthage au défilé de la Hache.

Nous touchons au plein-air avec les légendes chrétiennes d'Alfred de Richemont, rêves, visions, apparitions fluides dans la clarté blonde : classiques par leur composition, elles sont très modernes par leur poésie indécise et flottante ; et rien ne montre mieux la transformation du classicisme aéré par le plein-air, l'union de la science ancienne et de la lumière nouvelle, qu'une petite toile fine, élégante et précise, comme son « Te Deum », bas-côté d'église, d'où les courtisans de Versailles assistent au défilé des soldats du Grand Roi qui s'avancent triomphants dans la grande nef en fête.

Georges Clairin aime aussi les tonalités claires : il s'est depuis quelque temps consacré à Venise et à l'Orient. C'est l'Égypte surtout qui l'attire : il réveille les tombeaux des Pharaons aux éclats de la gaieté révolutionnaire des soldats de Bonaparte ; il agite la foule des mères, des femmes, des sœurs, insurgées contre la conscription des jeunes Fellahs. Il joint à ces anecdotes historiques de curieuses vues du désert et cette allégorie de « la Vague », qui semble singulière dans ce mélange d'eau trop lourde, de varechs enchevêtrés et d'hiératisme étrange : curieuse tentative pour ressusciter les figures de l'antique Orient, raides et somptueuses, dans un milieu réel et exactement observé et pour associer la nature à la mythologie du Nil.

Aucun de nos jeunes artistes n'a eu des débuts plus éclatants que Rochegrosse, aucun n'a fait naître de plus grandes espérances : avions-nous enfin un nouveau Delacroix? Il ne nous a certes pas déçus, mais il ne nous a pas encore complètement satisfaits : son œuvre, déjà très varié, apparaît très inégal. Nous n'insisterons pas sur ses dernières productions : le « Chant des Muses » n'est qu'un médiocre panneau décoratif; l' « Assassinat de Géta » a l'air d'un bon, d'un trop bon travail d'école, tragédie de théâtre, où tout est factice et convenu, la violence des uns, comme la terreur des autres, les gestes, les lignes, l'arrangement des groupes, comme la gamme désagréable des huit ou neuf rouges différents. Que Rochegrosse renonce à cette rhétorique savante et froide, qu'il se livre à l'ardeur généreuse, à la fougue superbe, soutenue par une conception dramatique, qui avaient inspiré des créations d'un seul jet, moins correctes peut-être, mais saisissantes, comme « Andromaque », par exemple; ou bien qu'il revienne à ces petits tableaux, où sa curiosité érudite se plaisait aux reconstitutions archéologiques et aux somptuosités éclatantes des costumes d'Orient, comme « Salomé dansant devant Hérode »; ou, mieux encore, qu'il réveille ce sens affiné de la légende, ce goût de la lumière et de la chanson harmonieuse des couleurs légères, auxquelles nous devons « le Chevalier aux fleurs »! La diversité de ses travaux est la meilleure preuve de sa conscience, de ses inquiétudes : il explore toutes les routes de l'art, histoire, symbole, allégorie, scènes familières; et son passé nous est garant qu'il ne cherchera pas en vain sa voie définitive : il n'a qu'à se retrouver.

# CHAPITRE II



Si la peinture d'histoire, à quelques exceptions près, languit et s'étiole, la faute
n'en est peut-être pas tout entière au mouvement réaliste ou du moins ne lui est entièrement imputable que par contre-coup.
Sans doute, en courant désormais la ville et
la campagne, au lieu de s'enfermer comme
auparavant dans les ateliers, l'Art réduit de
plus en plus les droits de la conception littéraire et de la composition réfléchie pour
augmenter indéfiniment la part de l'observation; mais, de plus, les artistes que n'entraîne
pas le réalisme triomphant inclinent, par une
réaction, peut-être inconsciente, contre les
rudesses et les brutalités qui froissent leur
idéalisme délicat, vers l'expression de la
grâce plutôt que de la force.

C'est une tendance facile à constater chez plusieurs de nos jeunes peintres, et des mieux doués. En voici quelques preuves charmantes : l' « Offrande printanière » et les deux fillettes en robes roses, d'Henry Vollet, le « Pomone et Vertumne », décoratif et chaud, de Gorguet, les nus amoureusement étudiés des « Femmes au bain », de Paul Leroy et des câlines et voluptueuses figures de Jules Triquet, l' « Essayage » et la « Fille d'Ève », de Joannon, aimables études d'un réalisme coquet, les idylles d'Abel Boyé, un peu précieuses et maniérées, l' « Allégresse », la « Cantilène marine », la « Lyre immortelle », et les petites images féminines d'Étienne Csok, ce Hongrois parisianisé ; voici encore les « Femmes au bord de la mer », de l'Australien Bunny, autre élève de nos maîtres, et ses « Anges enlevant le corps de sainte Catherine d'Alexandrie », qui semblent moins des tableaux que des cartons de tapisserie, mais qui atteignent à l'élégance antique par la pureté de leurs formes et la belle noblesse de leurs gestes.

Le plus original et le plus gracieux de ces peintres de la grâce est Paul-Albert Laurens.

Ne sont-elles pas, ces « Déesses de l'Oura-
gan », de la plus séduisante fantaisie dans
leur tonalité adoucie et dans le rythme piquant
de leurs lignes? Voiles tourbillonnants, corps
ondulants, chevelures éparses, les trois déesses
s'avancent, sveltes et souriantes; leurs gestes
sont naturels et exquis, et la dernière surtout
est ravissante et étrange, couronnée d'une
pyramidale envolée de cheveux blonds : visions
légères d'un charme imprévu et troublant,
statuettes de Tanagra d'une poésie toute
moderne.

D'autres s'occupent de vastes décorations :
si Gervais précisa malencontreusement les
formes de Titania et des fées, ses compagnes,
— vaporeuses apparitions qu'il n'est pas permis d'alourdir de contours définis et d'enve-
loppes charnelles, — il a maintenu, dans son
grand panneau de « la Pomme », comme
Marioton et le Roumain Simonidy, dans leurs
plafonds des « Songes » et de « la Danse »,
les traditions brillantes d'une ornementation
joyeuse et superficielle.

Dans cette voie, — si française, puisque la
peinture spirituelle de la grâce est la gloire

de notre dix-huitième siècle, — ces jeunes artistes ont de nombreux précurseurs : Tony Robert-Fleury, oublieux des grandes compositions académiques de sa jeunesse, qui promettaient un peintre d'histoire habile et fécond, ne nous donne plus que d'agréables figures d'un crayon souple et d'une couleur limpide, où il a fait son profit des clartés nouvelles du plein air, comme Guillaume Dubufe, dans ses fraîches compositions, d'un sentiment un peu convenu, et M$^{lle}$ Abbéma, dans ses avenantes allégories. Wencker et Chantron caressent avec une savante conscience des nudités roses et nacrées; Machard affine la morbidesse d'un Amour endormi avec son goût habituel de mièvrerie câline; et c'est de l'école des Pater et des Lancret que procèdent, plus ou moins modifiés par le souci récent de l'enveloppe, le maniérisme aimable d'Édouard Toudouze, l'élégance mondaine et la finesse délicate de Victor Gilbert.

La plupart de ces peintres de la grâce sont aussi de raffinés portraitistes; et voici, par exemple, de Paul-Albert Laurens, le portrait de son frère Pierre, dont on peut contester le parti pris d'éclat porcelainé, mais non pas certes l'ingéniosité ni l'esprit, et qui s'impose par ses rares mérites de précision et de solidité, de justesse et de vie.

Nous le constations tout à l'heure, c'est au portrait que nos maîtres célèbres doivent, presque tous, leurs plus éclatants succès. Ce grand art du portrait fut toujours une de nos plus sûres gloires : n'est-ce pas une qualité toute française que cette analyse perspicace, cette observation émue ou malicieuse, profonde ou rapide, mais toujours très juste, des individus, de leur caractère, des traits saillants de leur physionomie, des marques distinctives de leur personnalité? Nous lui devons la richesse de notre littérature psychologique, Racine et La Bruyère, Stendhal, Balzac et Bourget, et de notre littérature comique, Rabelais et Molière, Regnard et Augier; et c'est d'elle aussi que sort la verve abondante et simpliste des fabliaux satiriques du moyen âge et des caricatures de Labiche, ce cousin germain de Gavarni.

Nos peintres ont toujours été les dignes émules de nos écrivains : de Jehan Fouquet aux

Clouet, de Largillière et de Rigaud à Quentin
La Tour et aux Vanloo, de David et de Prud'hon
à Cabanel et à Manet, toutes les écoles françaises, anciennes et modernes, sérieuses et
spirituelles, classiques et révolutionnaires,
ont compté d'admirables portraitistes, et la
veine n'est pas tarie. Le genre n'avait rien à
craindre du mouvement réaliste, dont le programme est la sincérité absolue, la vérité sans
réticence : les maîtres d'aujourd'hui sont
dignes des grands aïeux; et, à côté des chefs
de l'École, c'est par le portrait aussi que
beaucoup d'autres artistes ont commencé ou
consacré leur réputation.

Nous avons retrouvé la fine précision de
Chartran, sa touche correcte, juste et mince,
son élégance spirituelle et piquante dans ses
dernières créations : « le Juge Bennett » et
« Sarah Bernhardt », « M<sup>lle</sup> Calvé » et cette
gracieuse figure de petite fille souriante,
« M<sup>lle</sup> L. G. ». Le coloris brillant et limpide
de Michel-Lévy, le paysagiste lumineux, le
spirituel conteur des petites scènes de la vie
des pêcheurs, atteint à un charmant effet de
légèreté et de grâce dans sa « Femme en

bleu ». Moreau de Tours dispose avec habileté
les touches papillotantes de ses personnages,
consciencieusement établis dans une tonalité
claire. Ces délicatesses contrastent singulièrement avec les pâtes noires ou brunes, toujours
sombres et parfois lourdes, de Frédéric Lauth
dont le ferme dessin atteste une savante volonté d'analyste perspicace et patient.

Beaucoup d'autres maintiennent avec talent
les fortes traditions des maîtres, tout en affirmant des recherches personnelles et un style
original : je n'en veux comme exemples que
les minuscules toiles, précises, légères et
claires d'Axilette, les solides effigies d'hommes
de Chigot et de Boisselier, de Delhumeau et
de Georges Jouve, les figures robustes et vivantes, mais aux carnations trop rougeâtres,
d'Umbricht, les œuvres consciencieuses de
Franzini d'Issoncourt, les petits médaillons si
fermes de Karl Cartier, si doux et si gracieux
de Front et de Chanet, les études sobres et
suggestives de Jacques Baugnies, les aimables images d'André Brouillet, — qui brosse
aussi avec facilité de grandes scènes d'apparat, analyse de calmes intérieurs dans une

chaude pénombre et dispose en plein air de jolis
sujets champêtres, — les sérieux travaux de
Guillonnet, dont la très vaste « Partie de foot-
ball » n'est qu'une intéressante réunion de
portraits disposés avec goût dans la lumière
diffuse du grand jour.

Et, si l'on veut encore d'autres gages d'a-
venir, d'autres preuves de jeunes talents, qui
s'affirment robustes ou ingénieux, nous nommerons le « Vieil Homme » basané, cette rude
et saisissante figure, modelée par Fougerat
avec tant de précision, de franchise et d'é-
nergie, la tête expressive de Laparra, les
femmes âgées de Félix, de Maurice Jeannin,
de Duvocelle, la jeune fille de Tardieu, d'une
facture libre et séduisante, la jeune femme de
Hémery, où l'on reconnaît l'élève de Pharaon
de Winter.

On sait la vogue éclatante des petits portraits de Weerts : il est célèbre par la facilité spirituelle de son dessin exact et la sûreté
de sa touche; dans d'autres effigies grandeur
nature, il atteint à de surprenantes ressem-
blances et à de prodigieux trompe-l'œil; mais
on peut regretter qu'il ne relève pas cette

habileté singulière d'un plus haut souci d'art et qu'au lieu de jeter tous ses modèles dans un moule uniforme, il n'ait pas recours à des interprétations intelligemment variées.

Beaucoup de femmes aussi sont de remarquables portraitistes ; elles se souviennent des succès de la Rosalba Carriera et de M$^{me}$ Lebrun : les figures de M$^{lle}$ Maximilienne Guyon, de M$^{lle}$ Henriette Morizot, de M$^{lle}$ Jeanne Tournay ont une belle tenue, et voici des œuvres aimables et gracieuses de M$^{lle}$ Jenny Fontaine, fortes et accentuées de M$^{me}$ Paymal-Amouroux, sérieuses et précises de M$^{me}$ Marceron-Maille, fines et claires de M$^{lle}$ Hildebrand, de M$^{me}$ de Montchenu et de M$^{me}$ Rousteaux-Darbour.

# CHAPITRE III



## LES ABUS DU CLASSICISME

Les séduisants portraits de Machard, d'une chaude matité, le placent en tête de cette foule de peintres mondains qui traduisent d'un pinceau flatteur la professionnelle beauté des jolies femmes et qui veulent être nos Vanloo et nos Nattier, nos Tocqué et nos Drouais. Les pastels de Pierre Carrier-Belleuse sont des modèles de correcte distinction et de minutieuse habileté; Gustave Jacquet est toujours l'expert metteur en scène qui arrange ingénieusement des harmonies décoratives, riches ou délicates; l'Américain Sargent, l'auteur célèbre de la « Carmencita », a demandé à Carolus le secret de la chanson du satin et de la soie; Paul Thomas compose avec un soin savant de petites toiles très achevées, fines et précises comme des miniatures : dans

sa dernière œuvre, — jeune femme en robe
noire lisant une lettre dans une chambre close,
— il est arrivé, par une facture plus large
qu'à l'ordinaire et par une délicate analyse de
la pénombre lumineuse, à une captivante harmonie de clair-obscur.

Le Péruvien Lynch promène, doucement rêveuses dans la paix du soir, deux jeunes filles
en robes blanches, deux amies enlacées, et sa
« Parisienne de la troisième République »
sera plus tard un précieux témoignage de
l'élégance spirituelle de cette fin de siècle ; le
Suédois Hall obtient un délicieux effet en enveloppant de fourrures un attrayant visage ;
Comerre aime les riches concerts de ton sur
ton ; Émile Renard surcharge d'ornements
des portraits d'apparat, somptueux et opulents ; cette surabondance contraste avec le
sobre dessin et la pâte très mince de Félix
Berne-Bellecour ; Jean Benner donne à ses
figures longuement caressées une moelleuse
minutie ; celles d'Aviat se reconnaissent à leur
joliesse très léchée, un peu douceâtre.

Malheureusement la route est dangereuse
et le terrain mouvant : nous sommes aux

extrêmes confins de l'art. Franchissons-les et nous n'aurons plus, avec d'autres peintres à la mode, que des attitudes figées et raides et l'élégance conventionnelle d'un métier machinal. Combien de praticiens achalandés n'ont d'autre souci que d'atténuer ou d'étoffer les rondeurs, d'assouplir ou de raffermir les appâts de leurs modèles, de les blaireauter ensuite et de vernir, pour éviter toute ride fâcheuse, ces mannequins de modistes, ces poupées de coiffeurs, de gelée de pommes et de sucre candi !

Les portraits masculins tombent beaucoup plus vite et beaucoup plus bas encore, car ils n'ont même pas l'excuse de cette pseudo-élégance : pas de milieu ici entre l'œuvre d'art et le néant. Que de fabricants travaillent à prix fixe, ressemblance garantie, livrant la commande au jour dit avec une régularité exemplaire ! Ils assurent l'immortalité au modèle, et, s'il est fonctionnaire, à son costume officiel ; il peut choisir entre trois ou quatre poses qui font valoir sa dignité ou sa bonhomie, son esprit ou sa sensibilité, ou, s'il le préfère, la confortable opulence de son installation : ce sont des photographies habilement retouchées, ressemblantes à la fois et embellies, et très agréablement coloriées. Je comprends que ce soit un fructueux commerce, et qui ne chôme jamais : on n'a pas à redouter de ces honnêtes exécutants les surprises désagréables que réservent souvent les caprices et les inégalités des artistes. Est-ce que toute la Hollande n'avait pas fini par délaisser ce Rembrandt qui était vraiment trop peu consciencieux et sacrifiait sans vergogne les figures des clients, qui le payaient pourtant, à je ne sais quelles fantaisies d'ombres imaginaires ?

Ce sont malheureusement ces procédés rebattus, cette grâce conventionnelle, cette habileté mécanique qui compromettent l'École, non moins que les poncifs ennuyeux et les académies démodées. Nous cherchons un sentiment personnel, on nous sert des recettes connues; nous demandons des inspirations originales, on nous débite un art poétique : et nous voilà sur le chemin qui mène de la grâce à l'afféterie et de la couleur au bariolage.

Je goûte encore la manière très spéciale de M<sup>lle</sup> Juana Romani : elle dérobe à la palette de son maître, cet étonnant Roybet, dont nous parlerons plus tard, quelques généreuses coulées de pâte éclatante qui donnent à ses figures féminines une savoureuse splendeur, mais elle y ajoute, pour que le ragoût soit plus piquant, un souvenir de la grâce hennérienne. C'est à Henner aussi, et quelquefois à Juana Romani elle-même, que Mme Laura Revault-Le Roux emprunte le charme caressant de ses coquettes mignardises. Édouard Bisson enfin a su trouver une note personnelle et des reflets doucement satinés pour ses fantaisies légères.

Mais chez combien d'autres ces sonorités trop riches ne sont-elles plus qu'un jeu médiocre de procédés manuels, coloriage criard et lourde enluminure! Pourquoi faut-il qu'un peintre de la valeur de Gabriel Ferrier consacre un talent réel, dont il nous donna jadis d'autres preuves, un goût qui fut délicat, un dessin qui reste habile, à ces formes inférieures de l'art, qui n'en sont presque plus que des contrefaçons? Le devoir d'un artiste est d'affronter la foule, de la dompter, de l'élever par une saine violence à une compréhension plus haute de la Beauté, et non pas de descendre jusqu'à elle et de flatter son goût enfantin pour le convenu et le clinquant. Et sans doute le succès est certain, — mais est-ce celui-là qu'on rêvait ? — quand on colorie de grands yeux en amandes, des lèvres rouges et souriantes, quand on modèle sans une ride des figures de cire, de belles personnes reluisantes, ointes de pommade rose et de fard onctueux et parées d'éblouissantes verroteries : le public, qui commençait à se fatiguer, se réveille et s'applaudit de retrouver le musée Grévin.

D'autres rivalisent victorieusement avec les chromos et leur pinceau atteint à une correction, à une propreté, à une platitude, dignes des bons ouvriers de la pierre lithographique.

D'autres enfin pastichent lourdement Bouguereau : imitateurs dangereux qui le compromettent par leur sensiblerie banale et leur fade miévrerie ; ils fabriquent sans relâche les sucreries traditionnelles et les gentillesses pour pensionnats de demoiselles, allégories ressassées, pastorales émollientes, berquinades et confitures ; et leurs scènes de dévotion, proprettes, doucettes, insipides, font une déloyale concurrence aux imagiers de la rue Saint-Sulpice. Tous ces producteurs ont d'ailleurs de fidèles clients et, du moment qu'il n'est plus question que de commerce, nous ne pouvons qu'applaudir : leur vogue n'est-elle pas, somme toute, un hommage indirect rendu à l'Art ?

Nous aurions passé plus rapidement condamnation sur ces fournitures d'articles de Paris comme sur les vieilleries surannées des pastiches académiques, si les unes et les autres ne formaient pas malheureusement le trop riche arsenal qui fournit leurs armes les plus fortes aux ennemis de l'École : grâce à cette queue du Classicisme, ils ne sont jamais à bout d'arguments. Comme s'il fallait juger l'école Ombrienne d'après l'atelier du Pérugin vieillissant, devenu la boutique à la mode d'objets de piété, — vente en gros ou au détail, — ou chercher des pièces à conviction contre la peinture du siècle dernier dans ses grandes machines historiques cuisinées selon la recette ou dans ses articles de pacotille pour boudoirs de province !

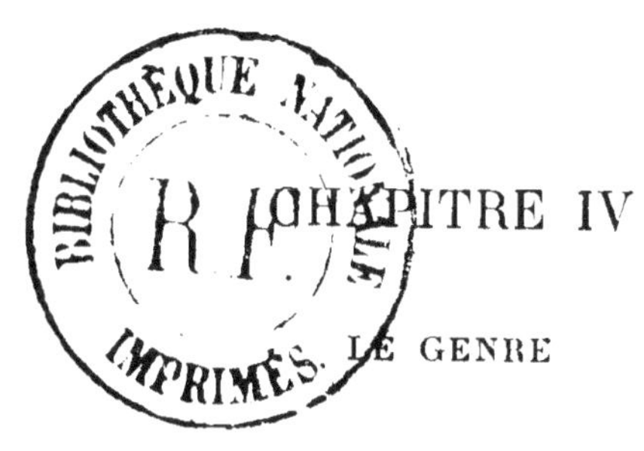


# CHAPITRE IV

## LE GENRE

On peut balancer peut-être tout d'abord
si les scènes de genre contribuent davantage à honorer ou à compromettre l'École : il
semble bien pourtant que leur étude impar-
tiale servirait mieux ses défenseurs que ses
adversaires. La légion des illustrateurs
appelle l'attention des bonnes gens et des
gens malins et leur demande au passage une
brève émotion ou un rapide sourire pour leurs
anecdotes pitoyables ou plaisantes, lestes ou
mièvres, contemporaines ou historiques, et il
se rencontre, parmi ces centaines de tableautins, beaucoup de petites toiles charmantes,
d'une prestesse et d'un esprit tout français,
d'une touche légère et juste : quelques-
unes peut-être ne sont pas indignes de ces
aïeux, les Lavreince et les Trinquesse, les

Baudoin et les Boilly, dont on couvre d'or aujourd'hui les moindres productions. Que fera-t-on des nôtres au siècle prochain, quand elles seront devenues des souvenirs et des documents?

On sait le fougueux mépris de certains novateurs pour cette forme aimable de l'Art; ils lui prodiguent les épithètes les plus malsonnantes : ce ne seraient, à les entendre, que conventions, banalités, redites écœurantes. Et certes la pacotille de bas étage abonde et pourrait, si l'on n'y prenait garde, discréditer l'École par ses platitudes prétentieuses. Mais ne parlons que de ce qui compte : il est impossible de condamner le genre en bloc. Ces fiers contempteurs sont fort téméraires : car enfin peut-on nier les droits de l'esprit? Je ne dis pas l'esprit littéraire de la conception et de l'arrangement du sujet, qui n'est rien ou presque rien en art, mais l'esprit de l'exécution, celui du dessin, qui suffit au charme très réel d'illustrations ingénieuses et suggestives, et celui de la touche : n'est-ce pas le tout de Téniers? Et que fait-on de ces admirables petits-maîtres, qui ont peut-être autant contribué que Rembrandt à la gloire de la Hollande? Et les primitifs Italiens? Ne sont-ce pas de véritables scènes de genre que la plupart des petits tableaux de Gentile da Fabriano et de Simone Memmi, de tant de Siennois, successeurs de Duccio, et de tant de giottesques Florentins? Le genre a donc ses titres de noblesse; avec de tels garants, il peut défier toute critique. On comprend cependant que les réalistes intransigeants, observateurs passionnés et exclusifs de la Nature, regardent la peinture mondaine tout au moins, — si modifiée qu'elle soit par les idées nouvelles, si différente déjà des boudoirs, des salons et des petits personnages de Toulmouche, élégants et conventionnels, — de l'œil dédaigneux dont un fanatique de Jean-Jacques Rousseau pouvait parcourir les petits vers de Bernis ou de Dorat, les élégies de Parny ou les « Amours » de Bertin.

On réunit sous le nom de genre des œuvres très diverses : les unes relèvent plutôt de la fantaisie et les autres de l'observation et, sans qu'il soit toujours facile de distinguer les deux domaines, on peut dire qu'il y a deux sortes de peintres de genre.

Les premiers sont des conteurs, et leur art inventif est fait d'imagination et de souvenirs : le passé comme le présent leur fournissent une abondante moisson de sujets et comme de thèmes sur lesquels ils brodent en se jouant d'ingénieuses variations.

Quelques artistes âgés en sont restés à l'archéologie spirituelle qu'aimait le second Empire. Hector Le Roux s'amuse à préciser « La toilette d'une dame Romaine » ou à nous montrer, à Athènes, Périclès, entouré d'esthètes mondains, visitant l'atelier de Phidias en chef d'État qui connaît ses devoirs : jolie occasion de comparaisons faciles et de sourires malicieux. Mais Gourse retarde un peu trop en demandant des scènes de genre à la mythologie et à l'épopée homérique : ses « Compagnons d'Ulysse », métamorphosés en pourceaux, et les nymphes de Circé, qui se moquent des pauvres bêtes, sont parents de « la belle Hélène » et d' « Orphée aux enfers », et les figurantes de quelque opérette du boulevard furent évidemment les prototypes de ces sémillantes Oréades « au bord de l'antre ».

Mieux inspiré, Paul Jamin remonte aux époques antédiluviennes et narre, avec un mélange de sentiment poétique et de bonhomie goguenarde, la vie de nos lointains aïeux, mettant la paléontologie et l'anthropologie au service de la peinture familière, comme les Rosny les ont mises au service du roman : il est le chroniqueur spirituel de l'Humanité primitive, dont Cormon est l'historien.

Le tableau de genre s'élève à l'anecdote historique avec Maurice Orange et Géo Weiss, avec Gueldry, l'interprète avisé de l'élégance hautaine et de l'héroïsme mondain des armées de Louis XV et de « la guerre en dentelles », avec Dawant, qui dispose d'une brosse savante des personnages solidement construits dans une lumière juste et claire. Vibert, le célèbre Vibert, dont les tableaux valent des miniatures par la précision sans défaillance et l'invraisemblable exactitude du détail microscopique, nous a donné de nouvelles preuves de sa patience et de sa belle humeur, de la justesse de son œil et de la sûreté de sa main dans ses dernières œuvres, l'aquarelle un peu lourde des « Cadets de Gascogne », inspirée de Cyrano, et cette trop parfaite partie d'échecs entre Napoléon et son oncle, le cardinal Fesch, « Lion et Renard ».

D'autres encore, armés d'une spirituelle érudition, débitent en tranches légères l'histoire des mœurs et des costumes de nos grands parents et se plaisent à reconstituer les mobiliers anciens et les modes disparues. Sylvestre, qui a renoncé aux grands tableaux historiques de ses débuts, détaille sur de petites toiles, dans une tonalité lourde et cuivrée, des récits plaisants et des groupes badins en costumes Louis XIII. Nous pouvons demander de précieux documents sur le dix-huitième siècle et la Révolution, sur l'Empire et la Restauration à d'élégants anecdotiers, Adrien Moreau, le peintre habile et fécond des galantes compagnies et des aristocratiques marivaudages, Tenré, plus clair et plus aérien, Outin et Laissement, plus précis et plus solides. Le Directoire est le domaine favori de Georges Cain : rival aimable des Goncourt, c'est avec une verve ingénieuse qu'il retrace la vie de cette société fantasque et séduisante, le décor si varié, les modes singulières de cette curieuse époque qu'il connaît mieux qu'homme de France.

Lesrel essaie, dans ses intérieurs, de faire revivre Meissonier par la minutie méticuleuse du détail et les ramages éclatants des brocards. L'Espagnol Édouard Garrido pense à Fortuny dans son sémillant « Pas de quatre ». C'est surtout aux finesses de la gouache et aux transparences légères de l'aquarelle qu'a recours Maurice Leloir, le pimpant interprète du luxe coquet et des grâces d'antan : sa « Vie d'une femme de qualité au dix-huitième siècle » ressuscite avec une délicate exactitude tout un monde frivole et charmant.

Après le passé, le présent : Béraud fignole d'un pinceau alerte et soigneux d'agréables scènes d'un modernisme souriant, comme le « Cours de Comédie » ou la « Sortie du Conservatoire », très supérieures à ses fictions compliquées, d'une invention bizarre et d'un symbolisme facile, Christ bafoué par des boulevardiers, anarchistes se ruant dans une salle de festin.

Les toiles légères de Firmin Girard scin-

tillent du papillotage amusant de ses touches
minuscules qui ne sacrifient pas un détail.
Émile Adan dispose des scènes paisibles et
douces dans une nature joliment arrangée,
s'attendrissant surtout aux grâces innocentes
de l'enfance.

Puis viennent les récits intimes, bébés de
Degrave, épisodes familiers de Crochepierre,
de Jolyet, de Lobrichon. Puis les faits-divers
glanés à la campagne ou à la ville par des reporter savisés qui savent les retoucher pour les
mettre au point : idylles paysannes de Laugée
et de Félix Bellanger, aimables historiettes de
Gelhay, élégantes figures féminines de Kowal-
ski animant de frais et légers paysages. Les
gaietés de la rue sont prestement saisies par
Chocarne-Moreau, et surtout les amusants con
trastes des petits ramoneurs et des petits mi-
trons. C'est dans les champs, au contraire, que
la fillette de Pattein montre de loin à ses
compagnes le peintre qui vient de faire son
portrait. Deyrolle nous retrace agréablement
la vie et les fêtes bretonnes. Pierre Beyle est
l'historien des forains : il nous les montre
errants, minables et joyeux; il nous raconte

« Un service d'ami », le clown laçant le corsage de la prima donna, et « La première communion d'une étoile », petite danseuse de corde, revêtue aujourd'hui de la longue robe blanche et descendant avec dignité l'escalier de la roulotte pour aller à l'autel. Tantôt ému, tantôt plaisant, Brispot met au service de ses petites anecdotes sentimentales ou malicieuses une séduisante bonhomie et une réelle science du dessin et de la lumière.

Les narrateurs humoristiques de la vie cléricale sont à leur poste : et, de Brispot justement, voici des enfants de chœur qui se battent dans la sacristie avant la messe et qui vont déchirer leurs soutanelles. Monsieur le curé, d'Alfred Weber, fait la grimace, car il vient imprudemment de s'échauder dans un « bain de pieds » bouillant, tandis qu'un de ses confrères, de Chevilliard celui-là, joue de l'accordéon sur une terrasse devant la belle nature. Cet autre, bon vieux prêtre de campagne, s'est laissé entraîner par sa gouvernante à occire dans son potager, d'un coup de fusil illicite, un lapin trop aventureux, et le Lillois Denneulin nous raconte d'abord le forfait, puis le châtiment : un gendarme, qui passait par malheur, dresse procès-verbal : « Que dira Monseigneur? » Non loin du frère capucin de Schreiber qui fait cuire les maigres légumes de la communauté, les cardinaux de Brunery, mis en gaieté par un succulent repas, félicitent, rubiconds et bienveillants, l'artiste qui leur cuisina ces joies; son autre cardinal, pourchassé par un taureau furieux, grimpe à l'arbre, empêtré dans sa malencontreuse robe rouge. José Frappa doit sa célébrité à ces innocentes plaisanteries : voyez ces cardinaux qui s'étonnent et se récrient aux sons suraigus d'un instrument d'Afrique, dont leur joue un missionnaire, « écho des pays sauvages ».

De ces fantaisistes, de ces romanciers aux observateurs exacts la transition est insensible, et plus d'un peintre appartient à la fois aux deux groupes. Béraud, par exemple, est tout voisin, par ses fins croquis parisiens, d'Edgar de Montzaigle, qui peuple fort exactement, pendant un entr'acte, l'orchestre du Français des têtes les plus connues du Tout Paris; de Fournier-Sarlovèze, qui saisit avec esprit l'aspect d'une « sortie de bal », la descente du grand escalier, les reflets capricieux des lumières sur les robes claires, les habits noirs, les visages corrects et fermés; et de Leroy-Saint-Aubert, qui note l'élégance joyeuse d'une après-midi d'été dans un de nos grands jardins publics, égayé de fraîches toilettes et animé de jeux d'enfants.

Observation et fantaisie s'unissent chez Alfred Guillou et Eugène Feyen, peintres ordinaires de nos marins, l'un plus clair et plus gai, l'autre plus précis et plus minutieux, et chez Haquette et Morlon, annalistes ingénieux et faciles de la vie des pêcheurs et des drames de la mer, continuateurs d'un genre qu'honora Renouf.

Nous approchons du réalisme avec ces amusantes traductions des assemblées villageoises, la « Fête landaise », de Mondineu et la « Foire normande », de Robaudi; nous y touchons avec de consciencieux artistes, comme Brugairolles, Guétin, Grateyrolle et surtout Georges Busson, qui s'efforcent de prouver, par leurs sérieuses études des travaux et de la vie populaire à Paris, qu'il n'y a pas incompatibilité entre la reproduction sincère de la vérité et la tradition classique et qu'on peut s'en tenir à une traduction fidèle, sans sacrifier la tenue correcte de l'œuvre et la précision savante du dessin; et nous sommes déjà loin avec eux des conventions académiques et des poncifs rebattus.

Sautai va plus loin dans ses claires notations de calme provincial, de recueillement religieux et de paix monastique : son exécution discrète et sobre et son éclairage diffus rattachent le classicisme au plein-air.

C'est aussi à la recherche de la vérité, à la reproduction scrupuleuse du réel que s'adonnent avec ardeur les peintres militaires, patriotes et cocardiers ou simplement amusés par les notes brillantes et variées des uniformes; et, quelles que soient leurs préventions, il faut que les plus irréconciliables naturalistes rendent justice à ces travaux, trop minutieux parfois, mais très souvent intéressants, et presque toujours utiles à l'École : ils la ramènent à la nature, à l'individu vivant, au détail précis et réagissent contre les abstractions pédantes et creuses d'un idéalisme bâtard.

Ils ont perdu prématurément leur chef, de Neuville, ce grand et charmant artiste ; il leur reste Detaille, héritier de Meissonier pour l'observation exacte et l'exécution solide, quand il veut bien ne pas se raidir jusqu'à la peinture officielle. N'oublions pas les précieux modèles que leur ont donnés Flameng et Aimé Morot.

Ces maîtres ont des émules ou des successeurs : les uns évoquent les souvenirs de nos gloires et les uniformes des temps héroïques. Ils se vantent d'être les descendants de Charlet et de Raffet, et leur domaine s'étend de la peinture d'histoire de Boutigny, — qui suit nos armées sur le Rhin et sur le Danube, aux Alpes et en Vendée, — à la peinture épisodique de Sergent, de Le Dru, de Rouffet, de Beauquesne, qui est surtout le chroniqueur ému de la guerre de 70. Le petit « Mondovi », de Schommer, est un des plus parfaits modèles du genre.

Les autres se consacrent au temps présent et passent en revue l'armée d'aujourd'hui : et ce sont les petites scènes, justes et précises, de Berne-Bellecour, les toiles plus

claires de Petit-Gérard, la « Rentrée des cuirassiers à l'École Militaire », lumineuse et
fine, de Georges Scott, à qui nous devons
aussi d'originales études villageoises, comme
cette amusante rangée de vieux matelots bretons assis sur un parapet devant la mer. Ce
sont encore les récits familiers de Chaperon :
« le Photographe à la caserne »; de Grolle-
ron : « Grandes Manœuvres »; et de Crès :
« le Cantonnement », « l'Étape ». Quel progrès depuis les chromos d'Horace Vernet!
L'étude de ces jeunes corps robustes se mouvant dans la campagne mène nécessairement
à un art plus réaliste et plus soucieux de la
lumière diffuse : nous l'avions déjà constaté
devant le superbe « Waterloo » de Flameng.

# CHAPITRE V



Nous avons vu le classicisme se modifier, partiellement tout au moins, chez les maîtres de la seconde génération sous l'influence de la réforme luministe. Comment cette réforme s'est-elle produite? Et comment aujourd'hui encore, après sa rupture avec le vieil Académisme artificiel, le classicisme, aéré désormais, se relie-t-il au plein-air? Où trouver le passage de l'une à l'autre École?

La réponse n'est pas douteuse : l'étude des scènes de genre vient de nous rappeler que l'Art n'échappe aux conventions — agréables ou fastidieuses, nobles ou banales — et ne revient à la sincérité que par l'observation patiente et la reproduction fidèle de la réalité et par une sorte de dévotion enthousiaste à la Nature : il n'y a pas d'autre antidote contre l'habileté décevante, faite uniquement de procédés d'emprunt, et contre la pseudo-imagination, qui n'est plus que de la mémoire. N'est-ce pas ainsi que Giotto délivra la peinture de la gangue hiératique et byzantine, qui entravait son éclosion, et que, cent ans plus tard, les naturalistes du quattrocentisme florentin l'arrachèrent aux redites traditionnelles, où elle s'enlisait avec les derniers giottesques?

Quelques genres spéciaux, qui ne sont pas des genres secondaires, ont contribué à renover l'art, à faire répudier l'éclairage factice et convenu, à remplacer l'emploi machinal de la fausse lumière des ateliers, où l'on se complaisait sur la foi des traditions, par la curiosité toujours en éveil des métamorphoses incessantes des lumières vraies.

La peinture d'intérieurs, qui demande une perception exacte et délicate des valeurs, affine l'œil de l'artiste : il arrive vite à un sentiment très subtil des lumières adoucies, comme Grasset dans sa « Galerie d'Apollon », Albert Decamps dans sa « Salle de Michel-Ange » et Troncy dans son « Salon carré du Louvre » ; il atteint aussi à de belles et puissantes harmonies d'ombres graduées : voyez la « Chambre » du Hollandais Pieters, les ateliers et les salons de Saint-Germier et de Bellan, le « Foyer picard » de Victor Fournier, et surtout les admirables chaumières bretonnes de Désiré Lucas, d'une pâte si riche et d'un clair-obscur si juste et si chaud.

D'autres se plaisent à l'analyse séduisante des éclairages artificiels, clartés vacillantes des bougies ou flammes des lampes modifiées par les reflets verts ou roses des abatjours, comme Franck Bail dans « l'Effet de lampe », Chayllery dans « la Brodeuse », Victor Lecomte, qui pense évidemment à Gérard Dov, dans le salon de sa « Consolation », le cabinet de travail de son « Liseur » et la cuisine de son « Éplucheuse de légumes », Rieder enfin, dans ses soirées intimes, où s'opposent, en se fondant en un concert général, de curieux contrastes de rayons lumineux diversement colorés.

Aux mêmes progrès servirent les Natures mortes et les tableaux de fleurs et de fruits. L'intérêt ici est tout entier dans la reproduction à la fois fidèle et savoureuse des modèles :

c'est une précieuse école de conscience et d'habileté ; la fantaisie dangereuse et la facture lâchée sont proscrites. Il faut un œil juste et exercé pour saisir le rythme des formes et la gamme des couleurs, une main savante et preste pour rivaliser avec la réalité. Il n'est plus permis depuis longtemps d'appeler dédaigneusement la Nature morte un genre négligeable : il n'en est pas qui soit plus proprement de la peinture, sans aucun mélange d'intérêt extérieur, d'émotion littéraire, ne valant que par le rendu, les lignes, la couleur, la lumière. Forme rudimentaire de l'art ? Non ! L'art pur, sans alliage, sans secours étrangers ; et quiconque ne se plaît pas aux chaudrons de Chardin n'est pas digne d'admirer la Joconde. Antoine Vollon, le maître officiel du genre, n'est-il pas une de nos gloires incontestées, et ses compositions ne valent-elles pas celles des vieux maîtres hollandais et flamands par la science et le goût, la solidité de chaque morceau et la forte pondération de l'ensemble ?

De ces beaux peintres, les uns prennent pour modèles des objets d'art et de somptueuses orfèvreries : ils aiment les splendeurs du luxe, l'éclat des gemmes et des vases précieux, les transparences magiques des cristaux. Et leur maître est toujours Blaise Desgoffe : quel incomparable musée d'art ornemental, quel impérial trésor digne de Schéhérazade formerait la réunion de ses œuvres magnifiques ! Rouby fait chanter, dans une tonalité plus claire, les ensembles opulents, les riches fouillis de joyaux et de fleurs. Magne cisèle l'or et l'argent et incruste d'ivoire et de nacre des armes anciennes. Bauré oppose dans un « Coin de sacristie » les plis flottants d'une bannière de soie rose à la solidité métallique des statuettes et des reliquaires dorés et à la lourdeur massive d'un bahut de vieux chêne. Monginot prépare de somptueuses collations; et Laureaux ouvre un vieil in-folio auprès d'un vase de faïence bleue.

Les autres ont un domaine plus humble et plus familier : ils règnent sur les cuisines et les celliers; ils font de la poésie avec nos provisions de bouche; ils disent la gloire des casseroles, la chanson de la lumière sur un pot de grès, le ragoût de couleur d'un poulet doré et d'un homard écarlate et transposent en symphonies éclatantes le livre du Parfait cuisinier. Par cette étude ingénieuse des objets les plus vulgaires, ils battent en brèche, au nom de la vérité et du réalisme, les solennités creuses de l'art de convention. Quelle merveilleuse leçon de précision et de justesse, quel séduisant exemple d'exactitude sans minutie, de couleur chantante et de fine lumière nous donnent cette « Pintade », ces « Oignons », ces « Melons et raisins », ce « Coin d'office », ces « Marrons rôtis et bouteille de vin blanc », tous ces chefs-d'œuvre de René Chrétien, baignés dans une transparente et lumineuse atmosphère! Et quelles joies pour nos yeux que ces beaux ensembles solides d'Eugène Claude et de Dominique Rozier; ces notes plus légères de M^me Pauline Dubron; ces cuivres prestigieux de Joseph Bail, soleils sans taches où resplendit la propreté toute hollandaise des ménagères en cottes rouges et des marmitons affairés; ces chaudrons étincelants de Grün; ces fromages, ces fruits, cette brioche de Bergeret, qui caresse parfois avec une exquise finesse de mignons tableautins, d'une précision savante et d'une moelleuse harmonie ; ce gibier d'Emmanuel Rousseau ; ces pommes et ces prunes de Delavoipière, de Fernan, de M$^{me}$ de la Riva-Munoz ; ces pêches et ce raisin d'une Anglaise, M$^{me}$ Annie Ayrton ; et toutes ces petites toiles, modestes et charmantes, de Jules Choquet, de Ferdinand Attendu, de Tourillon et de M$^{lle}$ Aboilard !

Plus encore, — puisqu'ils se prennent à la Nature vivante et veulent rendre la diversité infinie des couleurs et des nuances éphémères de la vie, la symphonie modifiée sans cesse des valeurs, la grâce souple et frémissante des corolles et la délicatesse vaporeuse des duvets, — les peintres de fleurs ont contribué à alléger et à éclairer la palette. Voici les roses, blanches ou à peine teintées de rose et de jaune, d'Achille Cesbron ; et il y a sans doute des joies d'art plus complexes, mêlées de réflexion, de philosophie et de littérature, mais peut-il y avoir une jouissance plus complète que la vue de ces fleurs exquises ? C'est une sensation pleine et pure de beauté parfaite : elle vit, elle respire, la nacre frissonnante de ces pétales translucides ! Et que d'œuvres charmantes nous arrêtent au passage ! Ici les bouquets éclatants de Bourgogne, de Paul Biva et d'Euler; là, plus aériennes, les roses de septembre de Cauchois, les pivoines vaporeuses de Grivolas et ses églantiers sur la montagne, les gerbes décoratives de Louis Lemaire; plus loin, les compositions ingénieuses de Quost, les claires corbeilles de Bidau, les soyeuses orchidées de Maisiat, les massifs somptueux de Thurner et d'Allouard, les iris de Troupeau, les azalées et les roses de Georges Binet, les pastels célèbres de Rivoire, et ces originales aquarelles, délassements d'un sculpteur, Zacharie Astruc.

Et voici enfin les triomphes de la délicatesse féminine. C'est un genre où les femmes ont excellé de tout temps : est-ce qu'en Hollande la renommée de Rachel Ruysch ne balança pas au siècle dernier celle du grand Van Huysum? A côté de M^me Madeleine Lemaire, dont la maîtrise est depuis longtemps consacrée, combien d'autres gracieuses artistes ne faut-il pas nommer, qui rivalisent avec elle de précision et de finesse, d'habileté et de goût? C'est la parure printanière et comme le sourire de nos

Salons que ces dahlias de M^me Dubourg, ces
coquelicots, ces pavots et ces violettes de
M^me Villebesseyx, ces œillets et ces lilas de
M^lle Hazard, ces primevères, ces pivoines,
ces aubépines de M^me Amen, ces géraniums
de M^me Foyot d'Alvar, ces giroflées de M^me Bon-
valet-Barillot, ces roses enfin de M^me Dury-
Vasselon, de M^lle Fanty – Lescure et de M^me
Faux-Froidure. Alexis Kreyder et M^me Eu-
phémie Muraton joignent, par un aimable
cumul, les fleurs les plus brillantes aux fruits
les plus savoureux.

Mais cette évolution de la peinture, à laquelle contribuèrent les scènes militaires, les
intérieurs, les natures mortes, les fruits et les
fleurs, les paysagistes surtout en furent les
infatigables ouvriers, et c'est dans le Paysage
que nous allons trouver la transition graduée
du classicisme au plein-air, le trait d'union
naturel entre les deux écoles.

III

# LE PAYSAGE : DU CLASSICISME AU PLEIN-AIR

## CHAPITRE PREMIER

HARPIGNIES ET LES CLASSIQUES

Le Paysage est, dans notre siècle, la gloire
la plus brillante et la plus incontestée de l'É-
cole Française : il a suivi la même évolution
et connu les mêmes variations que l'Histoire,
le Genre et le Portrait; mais, loin de s'inspirer
de leur exemple, c'est lui bien plutôt qui a
dirigé notre peinture vers des voies nouvelles
et transformé le concept de l'art par l'étude
passionnée de l'ambiance aérienne et de la
vérité lumineuse. Son histoire offre la même

succession d'écoles que les autres genres et chaque école est illustrée aujourd'hui par de grands artistes et de nobles œuvres.

Après l'extraordinaire floraison éclose depuis 1830, après l'exactitude puissante, la majesté et la passion profonde de Rousseau, la délicatesse exquise, la légèreté frissonnante et la tonalité blonde de Corot, la noblesse souvent tragique de Dupré, l'épopée austère de Millet, les féeries chatoyantes de Diaz, les harmonies grises ou vibrantes et le charme pénétrant de Daubigny, on pouvait craindre une décadence. Il n'en est rien : le présent n'est pas indigne du passé et le public est digne des artistes; jamais on n'a mieux rendu, jamais on n'a mieux senti et aimé la grâce toujours jeune de la Nature, les aspects divers à l'infini de l'enchanteresse, le charme enivrant ou consolateur, terrible ou berceur, de ses gaietés et de ses deuils, de ses fureurs et de ses sourires.

Voici d'abord les vieux maîtres illustres, derniers survivants de l'époque triomphale, admirables de science, de précision et de poésie puissante et concise. Aujourd'hui

hélas! le bon, l'aimable Français manque à
l'appel; il s'est éteint plein de jours et de
travaux, et nous ne verrons plus aux Salons
annuels les verdures légères et la fine lumière
qu'il aimait. Mais Harpignies est toujours là,
solide à son poste, le superbe octogénaire!
Tantôt il fait, avec une magnificence héroïque,
rayonner sur une rivière et dans un bosquet
les harmonies dorées d'une « fin de belle journée » ou flamber un torrent au soleil couchant, fleuve de feu roulant son écume ardente
entre ses hautes rives sombres, couronnées
de chênes séculaires; tantôt il dit la paix
tranquille d'un bois de pins sous le ciel
d'azur de la Provence, la beauté sérieuse,
presque sévère, d'une vallée dauphinoise, la
douceur froide d'une pâle après-midi dans une
prairie que borde la Loire. Et c'est toujours
la même vigueur et la même noblesse : la
forte réalité de chaque détail, tous les plans
scrupuleusement écrits, la solidité des arbres,
le dessin puissant du ciel contribuent, comme
par miracle, à l'unité grandiose de l'ensemble. A cet art de raison, de patience et de volonté on pouvait reprocher jadis un parti pris,

presque puritain, de fermeté trop rude, qui allait parfois jusqu'à la dureté, et comme la tension trop rigide d'une virilité trop grave; mais aujourd'hui ne semble-t-il pas qu'à cette austérité un peu morne de son âge mûr la vieillesse du maître, s'épanouissant dans une sorte de joie sereine, ait ajouté, sans rien perdre de sa force, une souplesse et une richesse toutes nouvelles et que son glorieux hiver brille d'une chaude splendeur que n'avait pas connue son été?

Camille Bernier, lui aussi, est un artiste supérieur, qui ne nous donne jamais que des œuvres irréprochables, classiques entre toutes par la pondération parfaite de leurs qualités : force et délicatesse, précision et légèreté, tenue impeccable et noble justesse. Il est le Racine de l'École, si Harpignies en est le Corneille par la mâle fierté et l'énergie hautaine de son accent. Sa « Mare dans une forêt bretonne », nappe d'eau dormant dans une clairière, où glisse, entre les grands arbres, la lumière tamisée par le feuillage, sa « Matinée dans le Finistère », vaches blanches et noires paissant dans la prairie au pied des chênes, sont de belles pages, dignes de ce talent sincère, calme et harmonieux.

Les paysages d'Antoine Vollon valent ses natures mortes : nous y retrouvons ses mêmes qualités de dessin précis et fin, de juste coloris, de composition habile et ferme. Émile Michel, savant et robuste, construit les géants de ses forêts et les vieux oliviers de la côte d'Antibes avec une décision résolue et interprète avec une âpre volonté la tristesse opaque des étangs et les notes rousses et vert sombre des dessous de bois, comme les lignes arrêtées et la franche lumière du Midi. Auguin, le maître Bordelais, détaille avec finesse et netteté des verdures légères, comme dans sa fraîche « Matinée de juin », qui rappelle les meilleures toiles de Courbet, et atténue dans le crépuscule des symphonies voilées et chaudes, comme celle de sa « Soirée de novembre ». Émile Breton continue la série de ses paysages d'Artois dans une gamme originale de tons bruns, gris-ardoise et verts foncés. Paul Flandrin, après soixante ans de succès, honore encore le Salon de son nom célèbre.

Derrière eux marchent sur la même route

large et sûre, munis du même viatique de
science et de conscience, de réflexion patiente
et de décision virile, leurs élèves, leurs successeurs, maintenant avec dignité et éclat ces
traditions d'honnêteté, de justesse et de force,
qui procèdent surtout de Rousseau, tandis
que Corot apparaît plutôt comme l'ancêtre des
novateurs. Zuber, l'impeccable, le noble
Zuber a l'exactitude puissante et l'aspect magistral de Harpignies : il traduit avec une intensité tragique la menace de l'orage pesant
sur la plaine; il atteint à une tiède sérénité, à
une sorte de divine allégresse dans sa « Côte
d'azur », à une morne impression de silence,
d'abandon et de grandeur déchue dans son
parc désert de Versailles. Et c'est Versailles
encore, ce sont les marches célèbres ou le
Bosquet du point du jour qu'il fait revivre
dans leur grâce et leur majesté anciennes et
qu'il anime, pour nous donner l'impression
de la vie, de petits personnages en costumes
Louis XIV.

Si Zuber est l'émule de Harpignies, Car-
los-Lefebvre en est l'élève et, dans ses petites vues de Sologne, « Le Soir », « La

Ferme », « L'Allée de châtaigniers », « La Sapinière », il joint aux fortes qualités de son maître un accent très personnel et surtout une recherche heureuse de la couleur. D'autres élèves de Harpignies, Cabié, avec plus d'énergie, M° Malfilâtre, avec plus d'éclat, Paul Louchet, avec une précision un peu dure, se montrent dignes de ces hautes leçons, que Cabié transmet à son tour à Couturaud. François Maury s'inspire de Diaz dans ses sous-bois richement diaprés, où les rayons scintillent entre les ombres. Le dessin est aussi précis, mais la lumière est plus sombre dans les toiles de Richet, plus pâle au contraire dans celles de Cabrit, de Gondrexon, d'Émile Berton. Et tous sont d'enthousiastes forestiers, passionnés pour la majesté superbe de nos bois et de nos halliers, de nos futaies et de nos forêts, pour les lignes rigides des vieux troncs noueux et pour la finesse des jeunes branches.

Adrien Demont est l'élève de Jules Breton, et l'on reconnaît avec joie dans son œuvre les traditions du maître illustre, la science mise au service de la poésie. Il célèbre les fêtes éclatantes de la lumière, après avoir dit le mystère émouvant de la nuit : il fait vibrer le ciel et tressaillir la terre sous les rayons de son « Hymne au soleil »; il construit d'un style magnifique l'épopée des nuages noirs, rouges et gris de ses « Épaves », l'ascension splendide de la « Nuée » flamboyante au-dessus de la plaine sombre que son dessin prestigieux prolonge dans le lointain obscur, la gloire triomphale du « Soleil couchant » sur la mer embrasée. Il cisèle avec un patient amour et une savante volonté les sillons régu-liers et les lignes fuyantes des vastes campa-gnes, les collines aux fins profils, les rocs bosselés, fissurés, crevassés, le miroir écla-tant de la mer tranquille, les lourdes vagues de la mer houleuse : un tableau de Demont a la netteté loyale, l'énergique précision, la soli-dité métallique d'une médaille antique ou d'un sonnet de Hérédia. Et parfois apparaissent, comme perdues dans l'immensité solennelle qui les enveloppe, de minuscules figurines, qui semblent gravées au burin : elles sym-bolisent la pensée consciente, l'esprit hu-main qui saisit et dégage l'émotion diffuse et l'inconsciente noblesse de la Nature.

Dameron écrit fortement avec une résolution souvent grandiose, comme dans son « Vieux Moulin de Morsalines », parfois trop dure, les grandes lignes de ses paysages, les arêtes de ses rochers et les masses touffues de ses feuillages. Guillemet, qui établit ses premiers plans avec une si franche solidité, développe, d'une main vigoureuse et sûre, ses panoramas de Paris, pris de points de vue divers; il y joint des plages marines d'une loyale exactitude et des coins de rivière qui le rapprochent de Busson. On retrouve sa décision dans les paysages parisiens ou bretons de son élève Schmitt.

C'est aussi avec une belle fermeté que Dufour et Joubert allongent au bord de la Seine leurs villages de l'Ile-de-France et que Desbrosses dispose ses forêts et ses sous-bois, un peu durs dans leur tonalité jaunâtre. Sous le pinceau d'Eugène Bourgeois, le leste et spirituel auteur des petites vues normandes et bretonnes de la gare Saint-Lazare, jaillissent du sommet d'un rocher les ruines romantiques d'un château fort, se dressent sur la plage

ensoleillée les murailles sarrazines d'Aigues-
Mortes, notre Damiette languedocienne, ou
s'étendent longuement les Causses silencieux
dont la surface monotone s'anime et resplendit au clair de lune. La précision étonnamment minutieuse de Jan Monchablon ne fait
grâce d'aucun détail, mais ces amusantes touches microscopiques, si consciencieusement
analysées, atteignent pourtant, par un succès paradoxal, mais indéniable, à une juste
et même à une large impression d'ensemble.
L'Américain Boggs continue la série de ses
petites vues de Paris, si fines et si vraies,
qui seront de précieux documents pour les
Félibien et les Dulaure futurs. C'est encore
avec une sérieuse science que Le Poittevin
et Le Villain ordonnent la composition de
leurs grandes toiles d'allure décorative. Il y
a plus de légèreté dans les bois, les parcs
et les rivières de Gabriel Mathieu et de Camille
Mathieu et dans les cours d'eau limpides et les
berges verdoyantes de Foubert. Pétillion a
obtenu de jolis effets de clarté fine dans son
allée au bord de la Marne, dans sa « Prairie
d'avril » bordée d'arbres et dans sa « Rue à

Hérépian », comme Guignery dans sa « Matinée » et Teilliet dans sa « Solitude limousine ».

Tanzi est célèbre par le rendu surprenant des eaux dormantes, où les arbres de la rive se mirent entre les nénuphars; Henri Biva a profité de ses leçons; Henry Grosjean, Mary Renard et son maître Paul Saïn, si brillant naguère dans son coucher de soleil sur le Rhône, rivalisent avec eux de justesse, de fraîcheur et de calme dans leurs lacs et leurs étangs. L'Espagnol Raurich s'élève à une pénétrante impression de solitude et de douce tristesse dans les marécages incertains, voilés de mousses, de sa « Tierra molla ». René His masse habilement le fouillis touffu des taillis; René Fath s'est consacré à l'analyse subtile des notes variées de la verdure des feuillages; et ce sont, de même, les modulations infinies de cette gamme délicate qui séduisent Georges Dallier dans son « Sentier sous bois ».

Les montagnes ont aussi leurs fidèles interprètes. Et, sans doute, il est encore à venir, le génie qui enfermera dans un cadre étroit leur beauté formidable et leur harmonie dé-

mesurée, le Titan qui fixera sur la toile l'i-
vresse des cimes et l'horreur des abîmes : les
montagnes attendent encore leur Michel-
Ange. Il voulait l'être, ce Giovanni Segantini,
que l'Italie vient de perdre trop tôt : il n'avait,
en tous cas, pas de rival dans sa lutte corps
à corps avec l'Alpe inviolée. Contentons-nous,
en attendant l'épopée future, d'écouter des
récits exacts et sincères : Bertier aime la majesté muette des hauts sommets et la froide
pureté de leurs lacs; Wührer, plus sombre,
Mascré, plus clair, Schrader, plus énergique,
s'essayent à rendre la paix et le calme des
vallées alpestres et la rigidité puissante des
hautes murailles qui les enserrent; les vaches
de Suisse, aux clochettes retentissantes, animent les pâturages du Valais et de l'Oberland,
de M$^{lle}$ Bouillier.

# CHAPITRE II



LE TRAIT D'UNION

Cette sérieuse et forte école a ses coloristes ;
et si les uns, à l'exemple d'Adrien Demont,
sont encore tout classiques par la solidité des
plans, la précision du dessin, l'usage réfléchi
et mesuré de la couleur, les autres s'écartent
peu à peu du classicisme par une fantaisie
plus libre, où l'on voit poindre l'impressionnisme.

Ils s'intéressent à la douceur éclatante d'un
éclairage spécial, comme Laronze dans la
clarté jaunâtre de ses calmes journées et Maro-
niez dans son « Marais », baigné d'une lueur
bleuâtre, qu'il peuple, ainsi qu'à l'ordinaire,
de figures d'hommes et d'animaux ; — à la lumière tamisée des sous-bois, comme M⁰ Geor-
get ; — aux tons magnifiques d'une forêt au-
tomnale, comme le Hollandais Schaap ; —
aux incendies du couchant, comme Quinton

dans son port de Ploumanach; — aux reverbérations rose-brique des derniers rayons, comme Planquette dans ses vallées de la Creuse; — aux reflets solaires ou lunaires sur la neige et sur l'eau, comme Armand Guéry; — aux jeux du soleil ou du gaz et des lumières multicolores des boutiques dans nos rues et sur nos places, comme Cagniart et de Schryver, spirituels et charmants observateurs des paysages parisiens.

Moisset détache ses verdures bleuâtres sur de rougeâtres clartés; Quignon aime la chanson blonde des épis mûrs et la gaieté souriante des pommiers en fleurs; Didier-Pouget habille avec grâce d'un superbe manteau de bruyères les plateaux des Pyrénées et du Limousin ou note avec une étonnante justesse la bruine matinale dans la vallée de la Creuse; la facture très fondue de Simonnet obtient des effets décoratifs assez riches, quelquefois douceâtres, par les illuminations d'apparat de ses ciels, tandis que Jourdeuil et Suréda recherchent des vibrations lumineuses et des scintillements de paillettes, sans atteindre pourtant au miroitement chatoyant

de l'Anglais José Weiss; les Américains Bicknell et Inness enveloppent leurs prairies et
leurs rivières dans une atmosphère dorée.

Quelques chercheurs, curieux de chemins
nouveaux, se sont créé une manière d'une
piquante et savoureuse originalité. Wallet
orchestre de délicieuses mélodies perlées,
doucement séduisantes dans la caresse d'or
vert de leur transparente atmosphère. Au lieu
de fondre le vert et le jaune, Réalier-Dumas,
— quand il n'atténue pas toutes les teintes
dans la fine délicatesse d'une harmonie grise,
— les oppose, au contraire, de la façon hardie
et très personnelle, dont il détachait naguère
les lignes pures d'un temple antique sur le
ciel indigo. Et c'est encore à ces deux couleurs assombries et comme patinées qu'A-
médée Buffet demande de puissants concerts
dans une tonalité chaude et assourdie.

Deux maîtres enfin, deux coloristes, audacieux et superbes, annoncent l'Impressionnisme par les chocs imprévus de leurs touches
éclatantes, par les accords surélevés de leurs
vibrantes symphonies, mais restent encore
classiques par la sûreté du dessin et la fer-

meté des plans : et ce sont les sonorités retentissantes de ce peintre magique des eaux
et des montagnes, des cascades et des gla-
ciers, des vagues et des falaises, de ce sorcier
de la couleur, qui s'appelle Nozal ; il trans-
pose avec une fougue savante les harmonies
de la nature dans une gamme plus élevée, accentue le rythme sans le détruire et magnifie
les contrastes. Ses fantaisies imprévues ont
un charme étrange et captivant : la gloire
azurée du ciel et le rutilant incendie des nuages
embrasés se reflètent, dans la féerie du couchant, sur le miroir fidèle d'une rivière paisible ou d'un lac immobile ; dans la limpidité
d'une nuit sans voiles, l'écume d'un torrent
bondit, phosphorescente sous la froide clarté
de la lune, entre deux murailles de noirs rochers. Ce sont aussi les prestigieuses études
de Carolus Duran, faites d'un rien et extraordinaires : un linceul de neige recouvre la plaine
muette et glacée ; un calme crépuscule baigne
dans une lumière d'argent ; un tragique coucher de soleil ensanglante l'horizon ; une forêt
provençale se dresse, dans une triomphale
splendeur, sur un ciel sublime d'or liquide.

Beaucoup d'artistes, amoureux des effets puissants du clair-obscur, sont à la fois coloristes par la richesse de leurs tons et luministes par les oppositions des lumières et des ombres, par les profondeurs transparentes des ténèbres : voyez les nocturnes de Flahaut, de Cachoud, de Sébilleau, « l'Automne » élégiaque de Rapin, les clartés lunaires de Hareux, et surtout la colline à contre-jour, de Mouren, que couronne, comme d'une gloire empourprée une frange de flamme, dernier reflet du soleil qui vient de disparaître, et les pâtes puissantes de Bouché, cette cour de ferme à la tombée de la nuit, ce village silencieux et endormi, cette sombre magnificence du soir sur la Marne. Une noble sérénité descend, dans les calmes et sévères poèmes de Gosselin et dans « Le lever de lune » de son élève Jacques-Marie, du ciel pâle sur la terre endormie. Dans la nuit transparente de Luigi Loir brillent les feux de « l'Express qui passe », et les lanternes des tramways s'allument dans la pénombre de sa « Porte-Maillot »; ce scintillement des lumières dans l'obscurité ou le crépuscule est aussi le motif favori de son élève Marcel Lebrun.

Gaston Guignard interprète d'un style très personnel ses couchers de soleil et ses levers de lune, ses bergeries et ses parcs de moutons, ses landes gasconnes et ses récits militaires : la richesse décorative de ses noirs et de ses bleus foncés, les masses parfois épaisses et lourdes de ses nuages n'excluent pas la transparence de l'atmosphère. Il nous donne aussi des pages plus fines, de grises journées mélancoliques et délicates ; il a parfois de séduisantes audaces, comme sa symphonie en bleu et rose de « l'Hiver », — ciel fleur de pêcher se reflétant sur la neige qui couvre la plaine, miroirs gris bleutés des étangs glacés, silhouettes imprécises d'arbres fantômes estompés dans la brume blanchâtre.

Et, de même, Prévôt-Valéry, Karl Cartier et François de Montholon joignent des soirs lumineux et de chauds crépuscules à de claires et fines matinées. Ces artistes unissent l'un à l'autre les deux groupes de luministes, ceux qui demandent la lumière aux contrastes des ombres, dualistes à la Rembrandt qui opposent les ténèbres à la clarté, et ceux qui n'admettent

que la lumière claire, sans mélange, sans alliage, et qui l'obtiennent par la délicatesse
translucide des tonalités légères : c'est ainsi
que différait, dans la Hollande du dix-septième
siècle, un clair de lune d'Aart Van der Neer
d'un fleuve de Van Goyen ou bien encore une
marine tragique de Ruysdaël d'une marine paisible et limpide de Willem Van de Velde.

Les luministes qui proscrivent résolument
les teintes sombres mènent au plein-air,
comme les coloristes à l'impressionnisme. Et ce
sont encore sans doute, comme les paysagistes
qui procèdent de Harpignies, des dessinateurs
fermes et précis, mais ils s'inspireraient plutôt
de Français, — comme le fait un élève du vieux
maître, Gustave Garaud, dans ses études faciles et claires, — et ils se préoccupent davantage de l'enveloppe. Ce souci nouveau se marque déjà dans les panoramas de vallées de
Ballue, qui sont d'une facture plus moelleuse,
dans les sites et les pages que Le Sénéchal de
Kerdréoret traite d'une manière plus synthé-
tique et plus large, et dans les œuvres sobres
et calmes de Gagneau. Petitjean célèbre le
charme champêtre et les toits rouges des vil-

lages de la Meuse : un parfum rustique flotte dans ces rues et enveloppe ces fermes et ces granges, et les chansons de Theuriet nous viennent aux lèvres; Renaudin se montre le digne élève de Petitjean dans ses châteaux et ses villages Lorrains : l'amour des couleurs joyeuses s'unit encore chez eux à l'étude des délicatesses aériennes.

Mais voici qu'une partie de ces luministes, ennemis jurés du bitume, donnent le signal de la marche vers le blanc : Damoye construit avec sincérité, d'une touche exacte, dans une lumière pâle, ses plaines paisibles, ses larges horizons et ses ciels clairs, calmes, un peu froids. Stengelin va plus loin que lui dans ses campagnes hollandaises qu'il ombrage d'arbres majestueux. Les couleurs s'effacent avec Carl Rosa, la toile tourne au blanc cru avec Thornley.

La plupart, il est vrai, évitent cet exclusivisme : ils aiment la gaieté du grand jour, les clartés fines, les transparences cristallines; ils éclaircissent aussi la palette, mais d'une façon moins systématique et plus légère. Ils ont comme chefs d'abord un vieux maître cé-

lèbre, Charles Busson, qui joint la tradition
classique et la science de la composition réfléchie au goût d'une fraîche limpidité, puis Isen-
bart, dont les sites francs-comtois ont un
charme mélancolique, et Boudot, qui baigne
les crêtes du Jura dans le rayonnement jaune
du soleil. C'est près d'eux que se placent
Massé, Maurice Lévis et Galerne, avec leurs
grandes pages, d'une paisible sérénité, Jaco-
min, avec ses forêts ensoleillées, Fraipont,
avec ses marchés parisiens et normands. Beau-
vais dit la grâce des collines et la fraîcheur
des rivières; Beauverie, la noblesse des hauts
plateaux et la douceur des matins sur la plaine;
Moteley, la poésie souriante et la délicatesse
ensoleillée des clos normands. Après avoir
saisi, dans un aimable petit tableau, l'éclairage
diffus, adouci et chaud d'une cour à contre-
jour où picorent des pigeons, Sallé a voulu
traduire, sur une immense toile, la mélancolie
d'un étang dans une forêt de l'Allier, l'eau
noire entre les feuillages roux de l'automne;
et, dans cet effort hardi pour élever le paysage
au rang de grande peinture décorative, il a su
éviter à la fois l'inconsistance et la lourdeur.

Sauzay, Garcement, Marché, M^lle Pépé recherchent des clartés plus légères encore, et nous
approchons de l'école du plein-air avec les verdures pâlies d'Henri Gounin et d'Axilette, les
grisailles minutieuses et fines de Bouchor, jas-
pées de verts rompus et de roux, et les petites
et charmantes toiles, où Laurent-Desrousseaux
tantôt accorde les harmonies du clair-obscur
avec la fraîche limpidité de l'enveloppe, accentuant la légèreté de l'atmosphère de l'éclat
transparent des pénombres dorées, et tantôt
attendrit la verdure de ses prés, finement jaunie, comme dans une impalpable bruine, dans
le rayonnement vainqueur du soleil. Les aquarelles de Pierre Vignal doivent leur séduisante
distinction à la précision délicate du dessin
et à la sobre justesse de la lumière.

C'est au contraire en accusant avec énergie
les contours, en accentuant les lignes sombres
que Louis Leroux, Pape et Paul Liot s'écartent de la correction et de la mesure classiques; et, de même, Pierre Vauthier, qui saisit
excellemment l'atmosphère brouillée des gi-
boulées ou l'aspect attristé des pays miniers
du Nord. C'est par une touche saccadée, par

une facture simplifiée et rude que Moreau-Nélaton s'efforce d'arriver à une interprétation exacte de la réalité dans ses études de routes, de bois, de bourgades et dans ses curieux panoramas de Paris pris des tours Notre-Dame.

D'autre part, et déjà dans « les Landes » de Calvé et « les Bords du Rhône » de Balouzet, apparaissent l'indécision des lignes flottantes et l'hésitation voulue du dessin ; la solidité et la précision font place au vague, à l'indéterminé, au flou : ce sont les traditions de Corot, que maintiennent son élève Morlot, dans ses fantaisies d'un aspect haché si caractéristique, Noirot, dans ses brumes d'un gris bleuté, Foreau, dans ses églogues vaporeuses, Franc Lamy, dans ses bosquets frissonnants, où papillotent des tons violacés entremêlés de reflets dorés.

D'autres enfin s'éloignent du classicisme en atténuant les lignes et les couleurs. C'est ainsi que Waidmann a renoncé à la pâte mince et à la précision sèche de ses Forêts vosgiennes pour faire vaciller, vagues et vaporeux, ses effets de lumière sur le lac de Genève. Nous avons perdu trop tôt Pelouze et Maurice

Le Liepvre, mais ces maîtres délicats ont des successeurs : voyez les pâleurs fines de Japy, la douceur un peu morne d'Alexandre de Lalobbe, les nuances rompues et les mélodies discrètes de Dambéza, — dont la chaude pâleur s'enveloppe d'une légère patine d'or bruni et de vert éteint, — les impressions parisiennes ou rustiques de Pierre Prins, sobres et sincères, mais âpres et comme grumelées dans leur clarté sans rayonnement. Un voile de brume enveloppe d'une mystérieuse poésie les crépuscules de Pointelin, efface les lignes et estompe les contours que guettent les ténèbres : nul mieux que lui n'a saisi le moment fugitif, la minute brune où la dernière lueur du jour mourant va disparaître sous la tombée de la nuit; et pourtant, dans l'indécision de la lumière qui s'éteint, l'œuvre garde une belle tenue.

Nous sommes loin des grands dessinateurs qui se réclament de Rousseau et rivalisent d'énergie et de solidité puissante avec les maîtres hollandais, Ruysdaël et Hobbéma : partis de la religion de la Forme, nous arrivons au culte de la Lumière.

# CHAPITRE III



Les plein-airistes résolus accentuent de deux façons diverses les idées nouvelles; ils vont plus loin que les deux groupes intermédiaires qui procédent de Busson et de Damoye : le souci principal des uns est la transparence limpide de l'atmosphère; les autres, qui veulent éviter surtout la solidité trop dure et trop lourde, allègent de plus en plus leur dessin et, par opposition aux couleurs trop brillantes, recherchent des tonalités de plus en plus blanchâtres.

Les premiers se souviennent de deux novateurs audacieux, de deux maîtres véridiques et subtils, qui furent longtemps contestés, mais auxquels on ne refuse plus aujourd'hui leur place légitime parmi les grands interprètes de la nature : ils s'inspirent de la douce clarté, de la fine exactitude, des profondeurs délicates de Lépine, de l'énergie expressive, du sentiment romantique, des limpidités bleuâtres du Hollandais Jongkind.

Ils viennent de perdre leur chef, Eugène Boudin : ce beau peintre, voisin de l'impressionnisme par la simplification de ses procédés, n'indiquait que d'une touche rapide et d'un contour sommaire ses figures d'hommes et d'animaux, mais unissait pourtant la fermeté savante des plans et la décision magistrale des lignes à la légèreté lumineuse de l'enveloppe. Nul mieux que lui n'a rendu la tristesse d'une grise journée d'hiver de notre France du Nord, et c'est dans une clarté terne, dans un air brouillé de vapeur, sous un ciel bas, chargé de nuages, qu'il aimait à préciser l'étendue morne d'une plage normande, la forêt de vaisseaux d'un port de mer et ses panoramas de villes si justes et si vrais.

Moins net et moins ferme, mais plus gai et plus varié, le Suédois Albert joint des nuits profondes et bleues à des matinées irisées et chantantes; Maurice Courant consacre son alerte précision aux rivières, aux marines, aux plages de Normandie; Dagnaux baigne dans une lumière joyeuse et colorée ses coins de Paris et de Loches et ses souvenirs de Bretagne, places et routes, fleuves et mers. C'est à l'écart que se placent, très aristocratiques dans leur fine distinction, les poétiques grisailles d'Auguste de Clermont et les crépuscules si légers de l'Anglais Albert East.

La palette s'éclaircit encore davantage, les clartés s'affinent et s'allègent, les lignes sont plus flottantes, l'ensemble plus papillotant et plus flou avec les sites angevins de M$^e$ Arc-Valette et les petites toiles d'Albert Lebourg, délicatement estompées dans une lumière bleuâtre voilée de brume, études de Seine, vues de Paris et de Rouen, matinées de givre ou de neige. Nous arrivons aux ébauches rapides, aux essais, aux fraîches sensations de nature, que notent pour se délasser de leurs travaux ordinaires, les maîtres du plein-air, Gervex, plus limpide, Rixens, plus lumineux.

C'est à Roll, au contraire, et à ses petits paysages, plus nuageux et plus flous, — sensations imprécises et fluides, instantanés délicats et très justes, — qu'aboutit l'autre groupe plein-airiste.

Voici d'abord, à distance égale des classiques intransigeants, qui négligent parfois l'enveloppe aérienne, et des plein-airistes exagérés, qui oublient trop souvent le dessin, toute une pléiade d'artistes qui joignent le charme à la science. Leur facture fondue, moelleuse et comme ouatée, et leur enveloppe douce et souvent jaunâtre ou ambrée s'écartent autant de la fermeté robuste et de la précision architecturale de Harpignies que de l'indécision flottante ou de la blancheur crayeuse des ultras du plein-air.

Les uns n'aiment que la nuit, le soir ou tout au moins les journées pluvieuses et voilées. Dans ses nocturnes paisibles et graves, Lucien Griveau évite les jaunes assombris, les roux foncés, le bistre, qui sont les notes essentielles de Georges Griveau dans ses paysages bretons (quand il ne se réduit pas de parti pris à la monotonie d'une verdure chlorotique de vieux tableau, jaunâtre et comme poudreuse) et d'Albert Moullé dans ses études de Moret :

ils obtiennent ainsi de chauds effets d'ombres fauves et de clartés ocreuses ou beiges. Et, de même, les tons chamois, roussâtres, marrons, mais de plus des gris très fins, dominent dans les jolies toiles, plus largement éclairées, d'Émile Boulard, — campagnes paisibles, cabanes solitaires, lumière tamisée par les nuages, prairies d'un vert sombre, sables mordorés, arbres aux roses floraisons, harmonies voilées d'un pinceau, qui se plaît aussi à préciser d'aimables figures, où passe un ressouvenir de Chardin — : et l'on ne saurait s'étonner que Boulard et Georges Griveau n'aient qu'à renforcer à peine leurs valeurs pour nous donner des intérieurs justes et profonds. Ces palettes résolument assombries, sans que le dessin se rapproche de la précision graphique des classiques, s'éloignent du plein-air et annoncent l'École Bretonne.

Les autres préfèrent des tonalités plus légères et une lumière plus claire, et leurs œuvres sont des poèmes de tendresse et de grâce. L'adorable séduction des moindres toiles de Cazin est célèbre : le maître nous enchante toujours par son aristocratique déli-

catesse, par l'exquise caresse de son enveloppe
gris-perle, par le délicieux concert de ses notes
nacrées. C'est de ses paysages surtout que
l'on peut dire qu'ils sont des états d'âme :
il n'y a pas ici reproduction passive de la
Nature, mot à mot servile, calque mécanique,
mais traduction libre, transposition originale,
création véritable; par l'interprétation personnelle, par la réaction de l'âme sur le réel,
l'artiste exprime un sentiment, une émotion,
un rêve. Un chemin sablonneux montant
entre une haie et une dune pelée, un plateau
monotone qui s'étend, sans un arbre, jusqu'à
l'horizon, une route blanche au milieu des
champs, des chaumières aux toits rouges, un
moulin sur une butte, le jardin d'un maraî-
cher, voilà les sujets de prédilection de Cazin :
plus le site sera modeste, plus le peintre sera
libre; moins la Nature imposera sa beauté
propre, mieux il pourra la magnifier par la
beauté de sa vision. Et, d'ailleurs, qu'importe
la terre? C'est du ciel que rayonnent la
lumière et la vie! Et voici le spectacle éternel,
éternellement divers : splendeur du ciel doré,
gaieté du ciel d'azur où flottent des nuages

roses, calme du ciel gris-bleuâtre, caprices
du ciel pommelé, marbré ou jaspé, menaces
du ciel gris, tristesse du ciel lourd, orageux
et noir.

La palette de Billotte est plus pâle que
celle de Cazin, son inspiration est plus mélancolique : il ne se plaît guère qu'aux journées
grises et endeuillées, aux mornes et froides
après-midi des mois brumeux, aux crépuscules
silencieux, aux arbres dorés de l'automne et
aux arbres noirs de l'hiver, aux plaines où
souffle la bise, aux coteaux couverts de givre,
aux aspects de pauvreté, de misère et d'abandon de la banlieue parisienne. Ces modestes
idylles ont un irrésistible attrait, un charme
pénétrant de fine sobriété et de douceur triste :
il dégage ingénieusement la poésie touchante
des recoins les plus minables et les plus dis-
graciés; et l'on rêve d'un Coppée, le Coppée
des « Humbles », illustré par Billotte.

Iwill, au contraire, est le peintre de la gloire
de l'été et de la paix heureuse des beaux jours :
la douceur joyeuse de ses charmantes toiles
et de ses pastels lumineux se rehausse
volontiers de couleurs éclatantes, et son plein-

air se teinte d'impressionnisme. Il aime les illuminations féeriques du ciel et des eaux, les apothéoses radieuses : ses mers d'indigo et ses couchants de flamme brillent souvent comme des émaux translucides.

C'est auprès de ces maîtres que se placent, par leur charme délicat, Gaston de Latenay, avec les calmes étendues de ses grèves bretonnes et de ses mers, grises, bleues ou roses; Vaysse, qui rappelle parfois Iwill dans ses paysages champenois et normands; Meslé, avec ses petites toiles si aimables dans leur finesse caressante, journées ensoleillées ou crépuscules silencieux; Le Camus enfin, avec ses golfes bleus, ardoisés ou mauves entre les arbres verts ou les floraisons blanches, et ses sous-bois diaprés de roux et de verts et adorablement aérés.

Et voici que la marche vers le blanc se précipite : Saintin, qui vient de mourir, baignait encore ses bosquets, ses campagnes, ses étangs dans une lumière rosée, que son pinceau gardait de ses études vénitiennes plus ensoleillées. Helleu, ce charmant Helleu, qui est aussi un de nos plus fins, un de nos plus

délicats portraitistes féminins, caresse d'une
plus tendre lumière, dans une tonalité plus
pâle, la régularité des bosquets de Versailles
et la solitude des grandes allées délaissées :
il nous dit leur grâce surannée et leur douce
mélancolie, il promène son rêve dans les
jardins à la Française, dans les parcs dessinés
par Le Nôtre, autour des bassins d'eau sta-
gnante semés de feuilles mortes, le long des
arbres ternis de lichens et verdis de mousses.
Ce séduisant poète n'aime que le concert discret des couleurs passées et la chanson incer-
taine des souvenirs :

> « Dites-moi, marches gracieuses,
> Les rois, les princes, les prélats
> Et les marquis à grand fracas
> Et les belles ambitieuses
> Dont vous avez compté les pas.
>
> . . . . . . . . . . . . . . . . .
> Beau marbre, as-tu vu La Vallière? »

D'un pinceau plus sobre encore, qui ne
connaît que le concert presque insaisissable
des nuances légères, Costeau masse les feuillages des pins et silhouette leurs troncs rigides
sur le ciel clair dans une douce sérénité.

Enfin les teintes pâlissent définitivement, les couleurs s'éteignent avec les grisailles mélancoliques et ternes de Giraldon, les fines campagnes champenoises d'Émile Barau, les sites aimables de Roger Jourdain, animés d'élégantes silhouettes féminines, les clartés blanchâtres de Froment, de Cassard, de Charles de Meixmoron, les petites études effacées de Karbowski et de Clary. Nous arrivons aux notations vaporeuses de Roll.

Voilà la chaîne tout entière, la série ininterrompue qui, par transitions insensibles, mène de la solidité sculpturale de Harpignies aux imprécisions légères du plein-air : c'est avant tout du paysage qu'est sortie l'école nouvelle opposée à l'école classique, et ce sont aujourd'hui encore les paysages qui forment, avec toutes les notes de leur gamme, le trait d'union des deux écoles rivales. Du classicisme au plein-air il n'y a pas de hiatus, et, si les radicaux des deux écoles sont aux deux pôles de l'Art, les modérés se touchent. Où placer exactement la limite dans cette région intermédiaire qui va de Busson à Eugène Boudin et de Damoye à Cazin?

# CHAPITRE IV



Les animaliers forment un groupe à part, et non des moindres. Les coqs de Couturier se rengorgent, superbes d'éclat et de fierté. Les tigres royaux d'une autrichienne, M$^{lle}$ Hilda, gardent des tombeaux abandonnés ou sommeillent enchaînés dans quelque palais d'Orient. Et ce sont des tigres aussi, tapis dans des fourrés, et parfois des lions, majestueux et tranquilles, que Surand modèle avec une sobre exactitude dans une gamme vigoureuse de tons sombres et chauds. Une lumière plus fine éclaire dans une atmosphère plus légère les lions et les lionceaux de Wertheimer. Les notes joyeuses des flamants de Nogaro égayent d'aimables panneaux décoratifs. Rotig célèbre l'épopée courageuse et

brutale des sangliers. Gélibert et Hermann-
Léon sont les Desportes et les Oudry de
notre temps, portraitistes exacts des fauves
de nos forêts et de nos amis les chiens.

Vimar, M^{lle} d'Hazon et le belge Duchêne, au
lieu de nous donner le portrait officiel de nos
frères cadets, nous racontent les incidents
de leur vie familière, comme le fait aussi l'Espagnol Alexandre Seiquer sur de curieuses
petites toiles. M^{lle} Malbet a choisi comme hé-
roïnes les souris blanches. Mais le grand
maître de ces scènes intimes est toujours Lam-
bert, l'illustre peintre des chats, le maître
spirituel et gracieux, dont la verve inépui-
sable et l'aimable malice s'ingénient à tailler
sans cesse de nouveaux rôles, naïfs ou mutins,
capricieux ou paisibles, pour ses acteurs chéris
dans une comédie « à cent actes divers ».

D'autres enfin sont à la fois peintres d'animaux et paysagistes ; et beaucoup sont de très
beaux artistes, unissant l'interprétation précise des formes et le sens de la vie à l'amour
de la couleur et de la lumière. Ils n'ont, d'ailleurs, qu'à suivre d'illustres exemples, puisqu'ils procèdent de Troyon et qu'hier encore

Rosa Bonheur marchait à leur tête : on eût dit
qu'elle envoyait au Salon, après une si longue
abstention, ces « Vaches et taureau d'Auvergne » pour nous faire regretter davantage
la grande artiste que nous allions perdre, en
nous montrant une fois de plus la science
consommée et la vigueur superbe d'une main
qui ne vieillissait pas. Mais nous avions vu,
l'autre année, à la salle Petit, quatre pastels
précis et puissants, bisons lourds et robustes
cheminant sur la neige, moutons endormis
dans la montagne, cerfs surtout et biches,
sveltes et nobles, paissant dans une clairière,
ces derniers supérieurs aux autres par leur
harmonie plus moelleuse dans une transparente
atmosphère d'aurore ou de crépuscule. Elle
prouvait ainsi que, si son œuvre valait surtout
par le style, par la sûreté et l'énergie du dessin, elle ne s'était pourtant pas désintéressée
des préoccupations nouvelles de l'ambiance
aérienne ; sans rien sacrifier de sa solidité
classique, elle mettait en pratique les récentes
théories avec sa résolution accoutumée : voyez
dans sa dernière œuvre avec quelle netteté,
peut-être même un peu outrée, le ciel bleu et

l'herbe verte se reflètent sur le pelage roux des vaches et du jeune taureau.

Ses successeurs sont dignes d'elle : Vayson enflamme des rouges lueurs du couchant l'horizon de la Camargue, où les pasteurs arlésiens poussent vers les arènes les noirs taureaux choisis pour les prochains combats. Et voici les doux poètes des Bucoliques, ceux qui rassemblent les moutons sur les dunes et les falaises, au grand jour ou sous les rayons bleuâtres de la lune, Charpin, Peyrol, Chaigneau et l'Américain Truesdell ; ceux qui mènent paître aux gras herbages les vaches de Normandie ou de Flandre : de Vuillefroy, le maître depuis longtemps célèbre, les voile du clair-obscur d'une nuit d'automne ou les groupe dans la plaine assombrie par l'orage ; Marais les dresse fièrement dans la lumière ; Voisard-Margerie et le belge Courtens les dorent de la splendeur éclatante du soleil ; Pezant les caresse de lueurs roses ; Barillot précise leurs formes avec une savante énergie et une admirable solidité ; l'Américain Bisbing les baigne dans une fine et légère enveloppe aérienne et unit le souci le plus classique des formes au rendu le plus moderne de la fluidité lumineuse de l'atmosphère. Voici encore le correct et robuste Merlot, le romantique Watelin et une femme, leur rivale, M<sup>me</sup> Diéterle. Julien Dupré, qui cherchait jadis sur de grandes toiles de plus pâles harmonies et s'intéressait surtout aux jeux de la lumière, a enrichi sa palette de pâtes plus brillantes et ne craint pas d'accentuer avec audace, dans des cadres plus petits, les notes crues de la verdure. Henry Bonnefoy enfin réunit chevaux, bœufs et moutons dans de clairs et limpides paysages ou s'attendrit à l'idylle printanière des « petits fiancés », blanc chevreau et chevrette blanche.

Qui oserait encore parler, en invoquant le souvenir aboli des hiérarchies démodées, de l'infériorité d'un genre qui compte de pareils maîtres? Et surtout aujourd'hui où les animaliers triomphent à la sculpture avec les chefs-d'œuvre de Gardet, son fougueux duel de panthères, ses lions et lionnes, si puissants et si souples, d'une observation si juste et d'un si beau rythme de formes, son chien danois, bloc de marbre tacheté qui frémit et respire. Et, tout autour de ces merveilles, quelle superbe ménagerie de marbre, de plâtre et de bronze s'aligne en rangs pressés dans la grande nef de verre de nos Salons ! Ici les lions de Charles Valton, là le gypaète de Desca, plus loin les chiens de Loyseau, le jaguar de l'Américain Harvey, le jaguar et l'aigle de Bureau, le tigre et le flamant de Peyrol, le dogue de l'Italien Caro, le chat de M^me Thomas-Soyer, le puma de l'Américain Phimister-Proctor.

Nous venons de voir, avec Bisbing surtout, à la science classique s'unir chez les animaliers les préoccupations nouvelles du plein-air : les peintres de marines, eux aussi, nous offrent la transition graduée de l'une à l'autre école.

L'école classique peut revendiquer les vagues régulières et éclatantes de l'Arménien Chabanian, les forêts de mâts dans le port, précises et fines, de Grandsire, et les mers solides et brillantes de Tattegrain, — qui sont très supérieures à ses grands tableaux historiques, mélodramatiques et surchargés, émouvants parfois, mais d'une émotion surtout

littéraire : je préfère à sa tourbe affamée des
Andelys et à sa bruyante et grouillante « Prise
de Saint-Quentin », qui me paraît creuse et
crue, son « Débarquement dans la baie d'Au-
thie », son « Sauvetage en pleine mer » et
surtout son « Épave », composition réfléchie
et tragique, dans une juste lumière, pauvre
cadavre sans forme que le flot roule sur la
plage humide et déserte, où grouillent les
oiseaux de proie accourus à la curée.

D'autres travaillent à l'écart : ce sont des
indépendants, qui se plaisent à de séduisantes
fantaisies, comme les mers chatoyantes de
Masure, qui étincellent de mille feux diversement colorés, ou à des partis pris un peu
lourds, comme les camaïeux bleuâtres de
Ravanne.

C'est du plein-air que relèvent les notes
claires et aigres de Maufra et les mers grises
et lourdes de Gustave Collin, qui ont, comme
ses montagnes, un singulier aspect terne et dé-
lavé. Et, comme étapes de l'une à l'autre école,
nous nommerons les plages et les vagues, précises, et parfois dures, de M$^{me}$ Élodie La Vil-
lette ; les pesantes houles d'orage de Ruellan ;

les flots bleus d'Henri Rudaux et du Suisse de Goumois; les œuvres grandioses de l'illustre maître hollandais Mesdag, d'une admirable réalité et d'un style épique; les golfes calmes, lumineux et pâles du Suisse de Palézieux; les brumes de Jobert; les toiles plus colorées et plus chaudes d'Henry Bouvet, qui trace sur la mer paisible le « Sentier d'or » du dernier rayon solaire, et surtout ses brillants pastels, où le ciel se reflète dans le miroir des eaux; les mers bleues de Cailliot, semées de voiles brunes entre les rochers gris; les ports de Chevalier, où les barques noires se balancent dans l'indécision du crépuscule ou dans les ombres transparentes de la nuit.

Quelques artistes enfin joignent un accent d'une saveur très particulière à une franche volonté de réalisme, comme le Norvégien Normann avec ses oppositions dures, mais hardies, de couleurs, et comme l'Écossais Robert Allan et plusieurs peintres anglais qui semblent avoir un sens spécial des âpres beautés de l'Océan.

C'est donc surtout par le paysage, par toutes les sortes de paysages, que nous arri-

vons au plein-air, soit que ce genre ait pré-
paré l'avènement de la nouvelle école en
forçant les peintres à sortir des ateliers, en les
menant travailler et vivre à la campagne, soit
qu'à leur tour les idées nouvelles aient réagi
sur l'étude de la Nature.

IV

# L'IMPRESSIONNISME

―――――

## CHAPITRE I

### LE CREDO RÉVOLUTIONNAIRE

Les révolutionnaires du plein-air, novateurs d'hier, déjà dépassés aujourd'hui, atta-
quèrent les traditions et les règles de l'École
classique, la déclarant déchue, vouée à un art
conventionnel et faux et à d'intolérables errements. Réalistes enthousiastes, ils préten-
daient exprimer la vie, la vie véritable, les
êtres et les choses, non plus dans le jour
factice d'un atelier, ni tels que les transposent
une composition réfléchie, qui élimine et coor-
donne, ou une idéalisation poétique, mais

tels que nous les voyons dans l'ambiance aérienne.

Les voilà donc étudiant la lumière vraie, analysant les taches colorées, essayant de saisir l'air et de fixer la sensation visuelle sans parti pris ni mensonge. Qu'ils s'appellent plein-airistes, luministes, tachistes, impressionnistes, ils cherchent toujours à noter la vision colorée sans l'emprisonner dans un contour trop précis, que l'œil n'avait pas perçu, que l'esprit seul, disent-ils, construit par habitude ou par raisonnement, et à baigner dans une même enveloppe aérienne hommes et choses. Ils remplacent l'unité intellectuelle du sujet, que créait artificiellement une volonté ordonnatrice, par l'unité sensible de l'atmosphère, que traduit fidèlement une observation sincère; ils mettent leur gloire à se réduire au rôle d'observateurs exacts et d'interprètes scrupuleux de la vérité et répudient avec horreur tout contrôle, toute réaction déformatrice de leur intelligence sur cette vérité.

Il n'est plus question aujourd'hui de Courbet, le vieux réaliste qui combinait savamment

ses audaces et composait ses tableaux comme
un vulgaire classique : réaliste sans doute, et
même naturaliste par le choix de ses sujets et
par une accentuation outrée de la vulgarité de
ses personnages, qu'il aurait volontiers pous-
sés à la caricature, mais non par sa couleur, qui
reste sombre, noire et terne. L'idéal nouveau,
c'est de saisir le mouvement au vol et de fixer
la vie palpitante sur la toile, sans l'arranger,
sans la trahir, telle qu'elle est, comme le fait
Degas dans ses instantanés de danseuses et
d'actrices, dans ses scènes intimes et ses
cafés du boulevard, le fameux Degas, prôné
par les cénacles, méprisant les Salons, et dont,
après avoir admiré les études et les croquis,
nous demandons à voir une œuvre décisive.

Deux tendances ici, deux routes voisines,
qui souvent s'entre-croisent, mais qui se bifur-
quent ensuite pour s'écarter singulièrement
l'une de l'autre : d'un côté, les impressionnistes, observateurs passionnés des phéno-
mènes fugitifs et des jeux capricieux des
couleurs ; de l'autre, les plein-airistes proprement dits, soucieux avant tout des fines transparences de l'atmosphère.

# CHAPITRE II



Les impressionnistes veulent donner l'illusion de la vie en fixant les lignes simplifiées
et le choc, parfois brutal, des taches colorées
d'une impression passagère :

« Aimez ce que jamais on ne verra deux fois! »

Ils aiment les éclairages étranges, pourvu
qu'ils soient justes, — invraisemblables, ne
leur demandant que d'être vrais : plus la lumière
sera anormale, moins elle sera conventionnelle.

Ils procèdent de Manet, ingénieux artiste,
qui exagéra dans la lutte, mais eut parfois
d'étonnantes inspirations et de singuliers
bonheurs ; ils se réclament, comme lui, de
Franz Hals et de Goya. Et, si la mémoire
d'Ingres, le maître austère et pur de la Forme

et de la Composition réfléchie, est toujours vénérée des classiques, les impressionnistes n'oublient pas Delacroix, le maître fougueux du mouvement et de la vie.

C'est dans le paysage que nous avons trouvé la transition du classicisme à l'impressionnisme, aussi bien que du classicisme au plein air : imprécision frémissante, facture hachée, vibrante de Corot, et, parmi les vivants, de son élève Morlot, de Foureau, de Franc Lamy, chaude tonalité de Wallet, de Réalier-Dumas, des Américains Inness et Bicknell, coloris éclatant et gai du Norvégien Grimelund, couleurs franches audacieusement entre-choquées par Carolus Duran et Nozal, ne sont-ce pas autant de traits d'union entre les deux écoles?

Mais, ces anneaux intermédiaires, les paysagistes ne sont pas seuls à nous les fournir : et c'est encore Carolus Duran qu'il faut nommer en premier et ses ébauches tragiques et puissantes. Beaucoup d'autres, qui se rattachent aux classiques par leur souci consciencieux de la composition et du dessin, se rapprochent des impressionnistes par leur recherche des colorations rares et par je ne sais quelle allure plus dégagée : Renard-Brault éclaire ses paysans d'une curieuse lumière rousse ; Georges Lavergne enlève d'une brosse rapide et hardie le portrait d'une jeune fille en robe violette ; Camoreyt traduit avec une verve joyeuse l'amusante polychromie des marchés de Séville et de Tolède et le resplendissement triomphal de la mer sous le soleil ; Henri Zo se plaît, dans ses cirques de taureaux, aux notes sonores des spectateurs bariolés. Pour Etcheverry, tout est prétexte à des compositions gracieuses et originales, relevées de la gaieté chantante des couleurs : aussi bien l'Italie romantique de son « Baiser passionné » ou la mythologie de sa « Naissance de Pégase », que la légende chrétienne de son « Saint Patrice » ou le réalisme coquet de ses « Nourrices », toutes pimpantes dans leurs pittoresques costumes d'Ariégeoises et de Bretonnes. Bergès enfin emprunte aux maîtres espagnols la hautaine saveur de leur touche énergique et fière dans sa « Dona Julia », d'une allure si aristocratique et d'un orgueil si castillan, et dans son pittoresque mangeur de pastèques, « Mendiant de Tolède », d'un accent tout

picaresque ; de cette Espagne qu'il aime, il
nous rapporte aussi un calme intérieur ara-
gonais et une scène bruyante de café-concert,
« Les Flamencas », qui nous montrent une
fois de plus qu'aujourd'hui comme autrefois
la patrie de Goya et de Velazquez, — le Velazquez de la « manera abreviada », — mène
par tous les chemins à l'impressionnisme.

N'est-il pas significatif que Zo, Etcheverry,
Bergès soient nés tous trois aux portes de
l'Espagne, à Bayonne, comme ce grand
Bonnat, qui ne leur ressemble certes pas par
l'amour des tonalités claires, mais qui s'écarte,
lui aussi, de la pondération classique par
l'énergie presque sauvage de ses pâtes sombres ? C'est encore par l'Espagne, mais d'une
tout autre façon que Richon-Brunet arrive à
l'impressionisme dans ses grandes scènes
andalouses : les contours sont durs et noirs,
la pâte est maigre et sèche, les personnages,
qui ont tous la même netteté presque métallique, ont l'air de se presser tous au premier
plan, mais ses foules bariolées ont un singulier accent de vérité, un cachet tout sévillan et
comme une saveur de terroir.

Aujourd'hui, le chef des impressionnistes
est Besnard, peintre merveilleux, aussi avisé
que hardi et de la plus savante comme de la
plus inattendue des audaces. Il est au plein-
air ce que Carolus est à l'école officielle : ce
sont nos deux grands coloristes. Singulier
chef d'ailleurs d'une école qui se croit réaliste!
Dirons-nous que ses colorations soient impos-
sibles? Je ne sais, mais assurément elles sont
exceptionnelles et momentanées : il excelle à
saisir cet instant qui s'enfuit. Mieux encore :
avouons qu'il va plus loin que le réel, qu'il
le dépasse, et c'est ce qui nous le rend cher.
Ces outrances qui l'amusent, — et son plaisir
se double de la surprise et des révoltes qu'il
provoque, — restent justes, car, en exagérant
la vibration des couleurs, il maintient
leurs rapports; l'harmonie des valeurs est in-
tacte : chaque note est surélevée, le concert
n'est pas détruit. Il combine avec goût ses ap-
parentes extravagances; il chante un hymne
imprévu de gaieté et de fantaisie. C'est une
peinture ailée qui semble avoir dépouillé toute
pesanteur et se jouer de toutes lois : feux de
bengale qu'attisent des bandes d'elfes folâtres

et de capricieux farfadets, dirigés par un étonnant ordonnateur qui règle leurs fougades et utilise leurs lubies.

Et ce sont des cascades qui flamboient, des lacs qui étincellent, des ports extraordinaires — d'Algérie? non : des Mille et une nuits — qui s'embrasent de tous les tons de la palette, écrins prestigieux de toutes les gemmes connues, qui se reverbèrent du ciel irréel sur le miroir féerique de la mer et les façades incendiées des maisons. Des pêcheurs rentrent à marée basse dans la chaude buée jaunâtre d'un couchant orageux; des chevaux reluisent, polychromes, sous le soleil de midi; un café-concert espagnol, un « flamenco », s'allume canaille, rauque et éclatant, renouvelant Goya : c'est une fête des yeux! Ce sont aussi des femmes nues qui se chauffent, le dos au feu, et que lèchent délicatement les lueurs changeantes du brasier; ou bien encore d'étranges et séduisants portraits : une femme en robe verte et rose se détache sur un vitrail bleu; une petite fille, cheveux blonds, robe rouge, est assise à sa fenêtre et tient sur ses genoux un chat noir devant l'azur intense du ciel.

Il y avait toujours foule, — foule ordinairement indignée, — devant son admirable « Portrait de théâtre » : Réjane est en scène, elle marche, elle glisse devant les portants ternes qui représentent des arbres et des feuillages; le gaz jaunâtre de la rampe dore sa poitrine et son cou, la flamme vacillante caresse sa bouche entr'ouverte et ses yeux spirituels et fous, et sa robe, son extraordinaire robe rose, scintille de mille reflets : on entend la soie grincer dans son envolement ondoyant; et c'est plus qu'un simple portrait, c'est l'image idéale de l'actrice de théâtre de genre dans son milieu factice et charmant.

A l'impressionnisme fantaisiste, capricieux et presque lyrique de Besnard s'oppose l'impressionnisme naturaliste, puissant et parfois brutal de Renoir, grand coloriste, lui aussi, mais artiste très inégal : médiocre dans ses études d'intérieurs, qui sont sèches et superficielles, comme ses « Jeunes filles au piano »; amusant, mais trop inconsistant, dans ses pochades en plein air, audacieuses et rapides, qu'il marbre de taches ensoleillées, « Le moulin de la Galette », « La Balançoire »; il a su

peindre de vastes scènes, peu raffinées sans
doute, mais vigoureusement réelles, comme
ses « Canotiers à Bougival » en goguettes
autour d'une table surchargée, dans le désordre bruyant d'une fin de repas, femmes allu-
mées qui sablent un dernier verre et gaillards
musclés qui font des effets de torses et de
biceps. C'est qu'il aime avant tout la vie, fût-
elle grossière, la vie animale, le sang qui cir-
cule à fleur de peau, les formes amplement
épanouies; et son idéal est souvent très vulgaire : ses femmes nues, ses baigneuses ont
des appâts copieux et lourds, corps gras, pesants et massifs, joues luisantes et rebondies
de santé surabondante, bonnes faces, rondes
et roses, où sourit l'éclat des yeux noirs; ces
larges figures brillent comme émaillées et,
ce reflet d'émail, il le donne aussi souvent
aux étoffes, aux robes rouges et bleues, cas-
sées de plis raides.

Mais cet amour passionné de la vie lui a
inspiré des portraits solides et vigoureux
et quelques œuvres d'une surprenante vérité,
comme sa fameuse « Loge de théâtre »,
avec les deux spectateurs, l'homme en habit

lorgnant la salle, la femme en robe blanche et noire. La justesse de l'observation,
précise et forte, s'accompagne du plus savoureux ragoût de couleurs : la figure de la femme,
pâle de poudre de riz, se dresse au-dessus des
noirs et des blancs bleutés de la robe et des
gants, auxquels répondent les tons semblables
du plastron et de l'habit de l'homme. La gamme
des jaunes légers de la gorge décolletée, du
collier de perles et d'un coin entrevu de la
pelisse se joue avec l'or brillant du bracelet
et les notes joyeuses des roses, piquées dans
les cheveux châtains clairs ou descendant en
guirlande de l'échancrure du corsage jusqu'à
la ceinture : c'est d'un saisissant effet et d'une
irréprochable harmonie.

Et c'est du même amour de la vie que procèdent ces images féminines d'une grâce
toute sensuelle et d'une voluptueuse séduction. Un parfum capiteux et troublant de
jeunesse en fleur se dégage de la « Femme au
chat » : elle est assise, câlinant un chat gris,
et la chemise légère a glissé de l'épaule gauche
sur la hanche ; la jeune tête brune sous le
chapeau de paille à ruban bleu, les lèvres

rouges, la poitrine et les bras nus s'animent
d'un étrange attrait dans le concert téméraire
et captivant du bleu chatoyant du jupon et du
rouge éclatant du fauteuil. Et la voici de nouveau, vue à mi-corps, endormie dans la campagne ; c'est une ardente idylle du Midi : on
devine la poussée bouillonnante de la sève,
l'air est lourd de chaleur et de désir, et le
faune n'est pas loin.

Parfois pourtant ce naturaliste fougueux
montre qu'il n'est pas insensible à une délicate
élégance : voyez sa « Danseuse », cette svelte
et souple fillette, et goûtez la fine distinction
de la robe de tulle blanc et la gaieté chantante
des rubans de soie bleu-clair et des brode-
quins de satin rose.

Il n'y a malheureusement, de ce novateur
original et énergique, que des morceaux
secondaires dans la collection d'œuvres des
plus fameux artistes révolutionnaires, léguée
au Luxembourg par Gustave Caillebotte ;
et d'ailleurs Caillebotte lui-même n'y est
guère représenté que par ses « Raboteurs
de parquet », toile lumineuse et bien aérée,
qui n'a rien d'exagéré ni de violent. Cette

collection, quel que soit son intérêt, ne comble qu'insuffisamment une regrettable lacune et ne donne qu'une idée très imparfaite des ultras de l'impressionnisme.

Autour de Besnard et de Renoir se groupent, les uns avec plus d'esprit et de flou, les autres avec plus de lourdeur et de force, les passionnés des vibrations lumineuses, des tonalités joyeuses, qui nous fouettent l'œil au passage d'un heurt inattendu de couleurs extraordinaires.

Les marins de Gaston Le Mains sont enlevés d'une touche amusante et rapide; Tancrède Synave éclaire de teintes violettes une rue populaire « au pied de la butte » et allume de tons étranges l'embrasement de Sodome.

Les plus séduisants de ces fantaisistes sont Jean Veber et Gaston La Touche. Veber, raffiné et bizarre, pose des énigmes au public ahuri : il anime tout un monde chimérique et éclatant de fées coquettes, de gnomes burlesques, de colosses truculents; dans des forêts de pins s'envolent de fantastiques apparitions; les maisons et l'église même d'un village

prennent des figures débonnaires, sarcasti-
ques ou menaçantes; mais l'artiste rehausse
toutes ces folles imaginations du souple rythme
des formes féminines et de l'harmonieuse
gaieté du coloris.

Gaston La Touche est célèbre par les
caprices pittoresques de ses feux d'artifice :
il assiège saint Antoine de flamboyantes
tentations; il détache ses sonneurs de clo-
ches sur la gloire ensoleillée d'une ver-
rière; il fait voltiger, à la grand'messe, sur
l'ondulation des coiffes bretonnes qui s'inclinent pour prier, les caresses fluides et irisées
de la lumière adoucie par les vitraux. Il se peut
qu'il surcharge parfois et qu'il enchevêtre des
compositions d'apparat, où le parti pris d'ex-
centricité soit plus évident que la vraie
richesse décorative; mais souvent aussi, dans
des toiles relativement plus sobres, son pinceau facile et charmant donne à ses gracieuses
figures, à ses contours délicats, à ses transparences roses et dorées, une élégance juvénile, une souriante désinvolture, une fantaisie
éclatante et joyeuse, que n'aurait pas désa-
vouées Fragonard.

Le plus intraitable des naturalistes est toujours l'ancien émule de Manet, cet énergique
Cézanne, dont le rude dessin et la couleur
crue semblent un insultant défi, lancé avec
une vigueur barbare au goût traditionnel, une
négation sauvage de toutes les habitudes et
de toutes les conventions. Et pourtant il atteint
parfois dans ses figures à l'expression et à la
vie, une expression, il est vrai, tout exté-
rieure, une vie tout élémentaire : rien de l'âme,
mais l'enveloppe lourde, fruste, grossière-
ment équarrie d'un gamin qui s'étire en sor-
tant de l'eau, d'un ouvrier qui se repose, le
poing sur la cuisse, de trois campagnards en
blouses bleues qui jouent aux cartes dans un
cabaret sous l'œil attentif d'un autre gars qui
fume sa pipe; et cette paysannerie, naïve et
narquoise, ne déparerait pas certains contes
normands de Maupassant.

Parmi les jeunes, qui sont l'espoir du groupe
« d'avant-garde », Charles André se signale,
dans ses portraits et ses paysages, par une
vigueur naturelle et une brutalité voulue : il
exagère jusqu'à la rudesse la force de Renoir
sans se soucier de son charme. Georges d'Es-

pagnat, au contraire, ne s'inspire que des qualités aimables du maître : ses figures de femmes et d'enfants et ses études de nu doivent une grâce mutine ou une calme naïveté à la finesse du dessin et à la douce gaieté du coloris.

Beaucoup de noms étrangers : les personnages de l'italien Boldini, cet amusant et spirituel artiste, semblent sortir de leurs cadres et marcher vers nous. Moins gai que Besnard, moins puissant que Renoir, l'Italien Zandomeneghi atteint par la rapidité de sa facture simplifiée, par la lourdeur accentuée de sa touche, par la hardiesse violente de sa palette, à de saisissantes impressions de réalité et donne souvent l'illusion du mouvement et de la vie. Le Suédois Zorn modèle avec une franche résolution des portraits hardis, d'une touche souvent sommaire, d'une vérité toujours intense. Le fameux peintre norvégien Peter Kroyer recherche pour les siens le parti pris vigoureux d'un éclairage spécial : tels « le poète Drachmann » et « l'auteur Scanderph », colorés des rayons du couchant ou des feux d'une lampe. L'Américain Kronberg projette des lueurs féeriques sur la

robe tourbillonnante de la Loïe Fuller. C'est
d'Amérique que nous viennent les savoureuses
audaces de Georges Hitchkock, ce « Cavalier
vaincu », vu de dos, traînant mélancolique-
ment son étendard violet dans l'éblouissement
violet, blanc et rouge d'un champ de pavots,
ou, dans les mêmes plates-bandes polychromes, cette « Fiancée hollandaise » cueillant
un bouquet, puis cette « Fuite en Égypte » ou
cette « Jeanne d'Arc » dans une claire symphonie de blés et de bleuets ; d'Amérique, la
« Jeune Femme et son enfant » dans les fleurs,
de Mᵉ Mac-Monnies, le « Petit Pêcheur » et
« la Rêverie », ces aimables toiles de Mˡˡᵉ Mac-
pherson, la jeune femme de Franck Du Mond,
à contre-jour dans la porte entr'ouverte d'un
jardin brillamment éclairé, et le groupe chaudement enluminé de ses Algériennes, caque-
tant autour d'une fontaine.

Les radicaux de l'impressionnisme ne veulent plus noter que les taches colorées, en
n'indiquant les formes que d'un contour sommaire et en supprimant le modelé. Ils rédui-
sent le dessin au minimum pour ne pas déformer la vérité de la sensation lumineuse :

ce sont les tachistes, et leur art rudimentaire
arrive à d'amusants effets dans les scènes
populaires, auxquelles cette méthode simplifiée convient à merveille; et ce n'est pas une
des moindres preuves qu'à chaque sujet il faut
une facture spéciale. Fernand Piet a pris pour
domaine les marchés hollandais et normands
et les squares parisiens, qu'il peuple de
bonnes et d'enfants, très vivants dans leurs
attitudes prestement saisies, rapidement ren-
dues. Ibels excelle dans les caricatures militaires. Cette manière violente, cette touche
brutale donnent un curieux accent de vérité,
un authentique cachet de trivialité et de laideur vulgaire au bal Bullier et au Moulin
Rouge de Minartz, aux boutiques du belge
Evenepoel, à ses théâtres, à ses brasseries,
à ses femmes en toilettes tapageuses.

Malheureusement l'écueil est proche : nous
avons constaté, chez certains classiques, le
culte exclusif du dessin, dieu jaloux qui n'ad-
mettait pas de partage ; voici que les plus
fanatiques ou les plus ignorants des impressionnistes, dans leur enivrement de coloristes
déchaînés, n'en tiennent plus aucun compte.

Et il n'y a certes pas d'œuvre complète
sans la beauté de la couleur, mais, sans le
dessin, il n'y a plus d'œuvre du tout. La sonorité bruyante des tons violents et heurtés
ne nous fera pas illusion sur ces arlequinades
plus ou moins ingénieusement bigarrées, personnages en bois, arbres découpés à l'em-
porte-pièce, naïfs jouets d'enfants : ce ne sont
plus des tableaux, mais des palettes bizarrement barbouillées. Ne parlons pas ici de
l'innombrable armée des incapables, qui en-
tonnèrent le Credo impressionniste pour dis-
simuler leur impuissance sous une théorie
d'art et mettre à l'ignorance le masque d'une
doctrine, prétendant faire passer, sous le cou-
vert des principes, leurs ébauches informes
et leurs puériles extravagances : matamores
de la peinture, ils suppléent au talent par la
truculence. Mais qu'importent ces nullités
prétentieuses? Ces grotesques ne seraient
compromettants, que s'ils n'étaient pas négli-
geables. On ne peut faire un crime à une
École de toutes les excentricités et de toutes
les parodies dont son programme est le prétexte; on n'a pas le droit de la rendre respon-

sable des jongleurs ni des jocrisses qui usurpent et galvaudent son nom, discréditent ses efforts, déforment et ridiculisent ses théories.

Au lieu d'insister sur ces douteuses plaisanteries, qui n'ont pas plus de rapports avec l'impressionnisme sérieux que la foule des platitudes banales avec le véritable classicisme, voyons plutôt ce qu'il advient des genres spéciaux sous l'influence des principes révolutionnaires.

L'impressionnisme a ses peintres de fleurs : Georges Jeannin remplace l'étude consciencieuse de la forme par l'harmonie joyeuse et éclatante des taches colorées; les bouquets de d'Espagnat ont une fraîcheur printanière.

Il a ses peintres de natures mortes : d'un trait décidé et vigoureux, toujours hardi, parfois fruste, d'une touche franche et audacieuse qui exalte les contrastes au lieu de les atténuer, Cézanne, Charles André, d'Espagnat disposent avec verve, dans une lumière crue, les amusants et multicolores étalages de leurs tables chargées de verres, d'ustensiles variés et de fruits.

L'impressionnisme a ses paysagistes, et,

moins retenus encore par les nécessités du
dessin, ils exagèrent plutôt son programme :
abandon des formes trop arrêtées et des contours trop nets, des lignes trop écrites ; recherche passionnée de la fluidité, de l'ambiance atmosphérique, du juste éclairage, des
tonalités claires ; amour enthousiaste des couleurs vives, des taches étincelantes, des
éblouissements extraordinaires, voire même
des outrances criardes. Les toits de l'Américain Mac Crea rutilent de rougeurs aveu-
glantes ; dans le jardin du Belge Francis Nys
les fleurs des parterres luisent comme des
pierres précieuses ; les fleurs de M$^{me}$ Wytsman, Belge elle aussi, et de Robert Lynen,
un Français enfin, jettent leurs notes vives
dans une flambée de soleil. Les champs, les
vallées, les montagnes de Maurice Elliot scintillent comme un kaléidoscope sous l'intensité
crue de la lumière, et cet artiste subtil et téméraire arrive parfois à d'étonnants concerts de
vibrations suraiguës. Et voici les façades des
maisons du Belge Claus, pour qui le soleil n'a
pas de secrets : murs blancs, volets verts,
baquets bleus des villas et des fermes fla-

mandes miroitent et resplendissent sous leur capricieux damier de lueurs éblouissantes et d'ombres projetées par les arbres.

Ces touches papillotantes nous mènent au mélange optique.

# CHAPITRE III

## LE MÉLANGE OPTIQUE. — LE CONFETTISME

Pour atteindre tout à fait à l'idéal rêvé, pour rendre la fluidité aérienne et les modulations infinies des nuances, pour éviter les lignes qui emprisonnent la vision lumineuse et l'alourdissent en la définissant trop nettement, il fallait, pensèrent les plus audacieux de ces peintres, inventer une facture appropriée et des procédés originaux.

Ne visant à rien moins qu'à créer un art nouveau, ils se sont adressés à la science, et la chimie leur est venue en aide. Puisque, sauf les trois couleurs fondamentales, toutes les couleurs et toutes les nuances sont le résultat d'un mélange, il est possible de déterminer les éléments constitutifs de chacune d'elles par une judicieuse analyse; juxtaposés habilement par petites touches, ils recompo-

seront, vus à distance, la synthèse colorée :
c'est le principe du mélange optique. L'avan-
tage décisif sera de supprimer les tons neutres, de faire vibrer librement les tons francs,
dégagés de tout ce qui pourrait les assourdir,
d'éviter les plaques uniformes de coloris ,
toujours lourdes, et d'obtenir, en fragmentant
ainsi le ton, une légèreté d'enveloppe et une
intensité de lumière inconnues jusque-là. On
peut faire connaissance avec le mélange optique au Luxembourg, à la salle Caillebotte,
pourvu qu'on ne prétende pas le juger d'après
ces quelques toiles, qui sont loin d'être toutes
de premier ordre.

Moins coloriste que luministe, Camille Pissarro ne se plaît qu'aux tonalités adoucies, et
les « Toits rouges » du Luxembourg, dont
la sonorité est d'ailleurs très atténuée, sont
une exception dans son œuvre : il s'ingénie à
noter finement la gamme insensiblement graduée des valeurs d'une journée grise et d'un
ciel mélancolique, et il obtient des effets aé-
riens d'une rare délicatesse. Ses verdures frissonnantes et ses harmonies froides disent avec
une sobre exactitude le calme et la paix rus-

tique d'un jardin, d'un coin de village silencieux, d'une route déserte, d'un coteau en
pente, d'un sentier qui glisse, voilé d'herbes,
le long d'une rangée d'arbres, d'une campagne
sous la neige, coupée d'une ligne de saules
dépouillés et dominée à l'horizon par des
cheminées d'usines, d'une prairie enfin où
paissent au loin quelques vaches, gardées par
des paysannes en tabliers bleus et en bonnets
rouges et blancs. Il est aussi l'interprète fidèle
des quais et des rues de Rouen ; ou bien encore
il rend, avec une scrupuleuse précision, l'aspect exact de nos boulevards ou de l'avenue
de l'Opéra, la chaussée luisante, les toits gris
bleus, dans la lumière pâle et morne d'une
journée de pluie ou de neige ; et, sans le
réveil discret de quelques taches colorées, ces
paysages urbains nous feraient déjà penser à
Raffaëlli : Pissarro est l'impressionniste qui
se rapproche le plus des plein-airistes.

Alfred Sisley, qui vient de mourir, était
un coloriste plus brillant que Pissarro : il
enveloppe souvent de fines vibrations violettes ses champs et ses rochers, ses mers et
ses plages ; souvent aussi il donne une belle

limpidité à ses ciels et aux eaux qui les reflètent, rivière bleuâtre et froide entre des rives
blanches de neige sous un ciel pur et glacé
de décembre, rivière joyeuse et bleue entre
des rives verdoyantes sous le ciel de juillet;
et c'est dans la gaieté victorieuse de l'été,
dans le calme lumineux et chaud d'une sereine
après-midi qu'il aime à moirer de lueurs
changeantes la Seine ou le Loing, à dresser
dans l'azur léger les villas et les arbres de
Louveciennes, les tours de Moret, les toits
marrons ou rouges de Saint-Mammès.

Plus heurtés, plus violents sont les paysages de Renoir : parfois en effet il se délasse
de ses travaux ordinaires en jetant sur la toile
avec sa fougue accoutumée de rapides impressions d'une riche couleur et d'un relief vigoureux, comme ses arbres fleuris du pont du chemin de fer à Chatou. Et Cézanne, lui aussi, est
paysagiste; jadis puissant, emballé, presque
farouche, quand il n'usait que des moyens
ordinaires, il a dû au nouveau système de légères et vives harmonies d'un charme subtil.

Tandis que Renoir ne se sert du mélange
optique que pour ses paysages et que Cézanne

ne s'y est jamais complètement asservi, Henri Lebasque y a recours pour toutes ses œuvres, même pour ses portraits. Ses toiles les plus séduisantes sont des scènes de genre ou des études de personnages en plein air, comme ses deux femmes qui se baignent dans un ruisseau encaissé entre de hautes berges ombragées : la facture papillotante ne nuit pas au rythme gracieux des lignes, et le soleil, qui filtre à travers les arbres, joue à ravir sur les souples nudités.

Le roi du groupe est Claude Monet : c'est le véritable créateur du nouveau procédé, c'est lui qui a demandé le premier à ces moyens étranges des effets extraordinaires, et c'est lui surtout qui les a obtenus. Après ses débuts, qui affirmaient déjà la finesse inouïe de sa vision, mais n'évitaient pas toujours les tonalités ou ternes et jaunâtres ou dures et crues ; après la belle manière calme, où il se complaît aux environs de 1882 ; après des œuvres solides et puissantes, comme son champ de tulipes à Haarlem, il est arrivé à une dernière manière rose, exquise, incomparable de vérité à la fois et de poésie. Une sélection habile avait, l'autre année, réuni ses chefs-d'œuvre à la salle Petit, et c'est là que nous avons vu la série déjà ancienne des cathédrales, les séries, plus récentes, des falaises et des rivières.

La cathédrale de Rouen à sept moments différents de la journée; la façade gothique illuminée de soleil : d'abord les rayons la frappent obliquement et les arêtes des arcatures, des rosaces, des gâbles, des fleurons scintillent éclatantes, liserées d'ombres; — puis elle se dresse resplendissante et aérienne dans la buée éblouissante, dans la gloire aveuglante d'un midi d'été : la pierre jaunit mangée par la lumière triomphante et les grains du granit étincellent comme une poussière d'or; — le soleil commence à baisser et une ombre légère monte du sol et voile les portes; — voici le soir : l'ombre épaisse obscurcit toute la base du portail, mais le sommet et les tours s'embrasent, incendiés des flamboiements du couchant; — la nuit est venue, et, dans une fine pénombre, dans une imprécision bleuâtre s'estompe le fantôme de la cathédrale endormie.

La côte normande : le sommet de la falaise, gazonnée et fleurie, surplombant la mer ; ou bien la plage de galets et la longue courbe des flots frangés d'écume au pied de la muraille inégale de craie blanche ; puis encore une chaumière dressant son toit rose sur le promontoire. Et tout cela, — le sol, la mer, le ciel avec ses profondeurs limpides, — brillant ou assombri, magnifié de chaudes lueurs ou caressé d'une lumière apaisée, mais toujours divinement aérien, baigné d'une transparente atmosphère qui enveloppe, dans une mélodieuse unité, les différentes parties du paysage : c'est le poème de l'air et de la lumière, se jouant dans le cycle indéfini de leurs métamorphoses, transformant à miracle le sol et les eaux par leurs féeries sans cesse renouvelées.

Et c'est le même œil étonnamment juste et rapide qui a observé, la même main légère et sûre qui a fixé les multiples aspects de cette rivière coulant entre deux rangées d'arbres, le ciel se mirant dans les eaux, les fluidités vaporeuses des aurores et des crépuscules, les formes précises et les clartés puissantes

des après-midi, l'accentuation et la dégrada-
tion des couleurs, le rythme infiniment modifié
des valeurs ; c'est la même magie qui, pour
notre joie, a saisi ces spectacles insaisissables,
arrêté ces moments fugitifs, emprisonné sur la
toile ces apparences flottantes, ces fêtes presque irréelles des rayons et des ombres, sans
rien leur enlever de leurs transparences, de
leur délicatesse, de leur impalpable légèreté.

Et c'est assurément de la sorcellerie : vue
de près, la toile semble, dans les cathédrales surtout, une palette surchargée de
couleurs, zébrée, au hasard du couteau ou du
pouce, de taches confuses, de bavures rouges
et vertes, jaunes et bleues, informe et lourd
barbotage bariolé. Éloignons-nous lentement,
et voici que le mélange optique des couleurs
se produit : la confusion s'ordonne, les lignes
apparaissent et, comme d'un miroir magique,
l'image sort du chaos et s'harmonise dans sa
grâce et sa limpidité.

Voilà les merveilles que produit un grand
peintre avec ces procédés singuliers : il fait
de l'art avec de la chimie. Mais qu'il lui faut
d'habileté et de science! Combien d'ailleurs

l'entreprise est hasardeuse, il nous le montre suffisamment, car il s'en faut bien qu'il soit toujours égal à lui-même; et qu'elle ne puisse être tentée que par une élite, qui le nierait? On sait ce que devient le système entre des mains médiocres : l'or pur du Grand Œuvre se transmue en un plomb vil dans une maladroite officine. Il faut de surprenants résultats, des effets d'une indiscutable et heureuse nouveauté pour justifier ce paradoxal défi aux idées habituelles, ce dédain inouï des principes consacrés et des règles séculaires.

Je sais bien que le groupe se réclame de Delacroix : n'est-il pas le premier, en France tout au moins, qui ait juxtaposé hardiment les tons simples pour les faire vibrer, sabrant, par exemple, un torse rose de hachures vertes ou semant de petites fleurs vertes une chemise rosée pour obtenir, comme résultante, un ton mixte et frais? Mais il n'emploie cette recette délicate et dangereuse que pour certaines parties qui demandent une sonorité spéciale, et il n'y a guère recours que dans les grandes décorations, destinées à être regardées à distance. Que dirait-il de voir

cette ingénieuse audace transformée en
méthode habituelle? Que penserait-il de tableaux de chevalet entièrement exécutés à
l'aide de ces expédients, précieux pour la décoration monumentale? Le succès prestigieux
d'un artiste exceptionnellement doué, les travaux intéressants de quelques autres sont de
bien périlleux exemples, et voilà une école
condamnée à ne compter que des chefs!

Et cependant quelques intransigeants vont
plus loin encore et exagèrent le système en
le simplifiant; ils répudient dédaigneusement
toute coulée de pâte, toute ligne continue,
même les simples touches appuyées, et n'admettent plus qu'un seul moyen d'expression,
le point : des points rouges, jaunes, verts,
bleus parsèment la toile qu'ils laissent largement apparaître, comme si, fatigué de peindre,
l'artiste réduisait au minimum la matière
colorée. Un bariolage exaspéré, coupé de
vides, une poussière de multicolores confetti,
voilà ce que nous offrent ces pointillistes ou
plutôt ces confettistes. Un procédé nouveau
n'est légitime que s'il crée de la beauté, s'il
nous apporte une jouissance d'art non encore

ressentie ; il semble que ce ne soit pas le cas. Certaines impressions de légèreté obtenues par Signac dans ses vues du Mont Saint-Michel, où il s'essaie évidemment à rivaliser avec Claude Monet ; trois ou quatre notations de Seine ensoleillée, de Maximilien Luce, dont les toiles sont trop souvent d'une dureté métallique et d'une tonalité à la fois aigre et terne et trop uniformément violacée ; voilà les pages heureuses, trop rares hélas ! qui sont chèrement achetées par les violences saugrenues de la plupart de ces novateurs, dont quelques-uns ne se calment que pour tomber aussitôt dans la froideur et l'insignifiance.

A quoi bon ces tours de force, qui ne sont le plus souvent que des tours de passe-passe ? Tentatives d'esthètes subtils, théoriciens spécieux, littérateurs ingénieux et raffinés ; mais aussi peu peintres que possible, car le métier les ennuie, ils n'ont pas le cœur à la besogne, ils ne connaissent pas la joie passionnée, propre aux vrais coloristes, de cuisiner la pâte généreuse, et leur art rudimentaire se résume en de médiocres trompe-l'œil, quand il n'aboutit pas à d'enfantines extravagances.

Et Luce lui-même paraît l'avoir compris, puisque, renonçant à ce système exclusif et simpliste, il complique et enrichit sa facture dans cette intéressante série de nocturnes profonds et limpides, qu'il nous a tout dernièrement rapportés du Borinage : mornes campagnes ensevelies sous un linceul de houille, coteaux endeuillés du Pays Noir, cheminées d'usines debout sur l'azur sombre du ciel. Est-ce le signal de la désertion? Le confettisme serait-il convaincu d'impuissance de l'aveu même des quelques peintres véritables qui s'y étaient égarés ?

# CHAPITRE IV.



Le mélange optique n'est heureusement
pas indispensable pour arriver à la légèreté
aérienne, à la vérité atmosphérique, au coloris
chantant et joyeux. Une autre école de paysage s'est formée, voisine de ces Impressionnistes par la limpidité de l'enveloppe, mais
elle ne demande des qualités analogues qu'aux
procédés ordinaires : son art délicat et exquis, fait d'observation juste, de fines nuances, évite toute exagération, toute note
violente, et pourtant atteint au style le plus
séduisant.

C'est d'abord un Norvégien, d'une puissante originalité et d'un inoubliable accent,
Fritz Thaulow, et je ne connais pas d'œuvres d'un plus vibrant effet, d'une poésie plus
captivante que ces sensations de Normandie,

vieilles rues et usines, marines, rivières et
prairies, ou ces vues d'Italie, Vénitiennes ou
Véronaises. Nul métier plus savoureux : ces
touches papillotantes, posées avec une savante
fantaisie, voisinant parfois avec de larges coulées frottées au couteau, atteignent à un chatoyant éclat d'une saisissante intensité. Rien de
terne, rien de criard : les couleurs scintillent,
s'entre-choquent, mais s'accordent, et ces sonorités retentissantes se fondent en une parfaite harmonie.

C'est ensuite le groupe charmant des paysagistes de Gand et de Bruges, peintres des
rues et des venelles, des jardins et des béguinages de la Flandre. Les canaux de Willaërt
dorment, stagnants, mornes et lumineux,
entre les vieilles maisons silencieuses; ils miroitent dans l'air léger et reflètent les nuages
qui passent, les briques rouges des toits et les
tons variés des murailles : ce grand artiste n'a
guère de rivaux pour l'interprétation des transparences colorées. L'impeccable Baertsoen
traduit avec une surprenante exactitude, dans
la fluidité réelle de leur atmosphère, les quais,
les places, les allées désertes et les cours d'asile.

Buysse nous montre « le Sentier de l'église »
et « la Première neige », les docks et les entre-
pôts du port voilés de brume; Verstraëte aime
les vergers et les églises de la Zélande; la
propreté, le calme, la dévotion paisible des
béguinages séduisent Trémerie et Robert
Wytsman. C'est une insinuante et gracieuse
évocation d'un Moyen Age survivant dans une
douce somnolence, et il nous aurait fallu Rodenbach pour commenter ces visions suggestives. A côté de ces Flamands, il faut placer un
Wallon de Spa, Alexandre Marcette, qui
soulève ou apaise des marines d'un bleu
sombre ou d'un gris-bleuâtre sous le ciel bas.

Les paysagistes qui vont de Busson et de
Damoye à Thornley ou à Lebourg nous ont
menés des classiques aux plein-airistes;
partis de l'impressionnisme, c'est au plein-air
aussi que nous arrivons, en passant de Claude
Monet par Sisley à Pissarro et de Thaulow aux
maîtres flamands.

Et ce trait d'union, cette transition de l'une
à l'autre école, des harmonies éclatantes de la
lumière colorée aux fines transparences de la
lumière blanche, nous les trouverions aussi

dans des œuvres françaises. Plus d'un artiste
a planté sa tente aux confins des deux
domaines, soit qu'il ait choisi de propos déli-
béré cette position intermédiaire, soit qu'une
noble inquiétude, que des recherches laborieuses et patientes l'aient mené par une
évolution réfléchie assez loin de son point
de départ.

C'est ainsi qu'Adolphe Gumery s'est élevé à
la couleur par l'étude de la lumière, par l'analyse passionnée et la notation subtile des finesses aériennes : parti des blancheurs crues du
plein-air intransigeant, il n'est pas resté con-
finé dans cet étroit domaine ; il s'est dégagé de
ces conventions exclusives, sa conception de
l'art s'est élargie, et, comme il unit à un sens
très délicat des valeurs un souci croissant de
la tenue générale de l'œuvre, il s'élève sans
cesse, dans un progrès constant vers un idéal
rêvé, à plus d'éclat et de solidité, de largeur
et de vie. Il nous a donné comme gages de
son amour de la nature, de sa noble sincérité
et de la souplesse de son talent des scènes
variées, où l'oiseau vient souvent animer le
site et compléter le décor, où souvent aussi

l'homme prend place dans le paysage, pour préciser l'émotion confuse qui en émane et comme pour en exprimer l'âme; — études parisiennes ou champêtres : gamins jouant près de la fontaine de la Trinité recouverte d'un voile de glace; vol rose des flamants dans le ciel provençal, planant sur les mornes étendues de la Camargue; âpre vallée où la Creuse limpide glisse entre deux murailles de granit pour se perdre dans un lointain violacé.

Il apparaît plus brillant encore et plus précis, sans rien perdre de sa fine légèreté, dans ses dernières œuvres, ses études bretonnes, sa lumineuse série de Bréhat : mer de saphir sous l'azur triomphal, irradié de soleil; mer cristalline au pied des rochers jaunes et rouges; clarté mauve de la plage qu'une sombre barrière de rochers à contre-jour sépare de la clarté plus intense du ciel et de la délicate splendeur de l'horizon d'or pâle; et cette petite paysanne, debout sur le sable, à la frange du flot, effarouchée, prête à s'enfuir, frémissant de honte enfantine et de sauvage coquetterie! La solidité des plans nettement accusés s'unit à la fluidité de l'atmosphère et à la vibrante

symphonie des tons infiniment divers de l'eau,
de la roche et du sol, et c'est dans une fine
enveloppe de plein-airiste qu'une conscience toute classique ordonne ces hardies
notations d'impressionniste.

La belle et lumineuse école Espagnole s'inspire, elle aussi, du double idéal. Elles sont nombreuses aux Salons, les œuvres remarquables,
souvent gaies et éclatantes, toujours claires
et franches, qui nous viennent d'au delà des
Pyrénées : les trois enfants, d'une disposition
si ingénieuse, d'une touche si spirituelle, d'une
si joyeuse harmonie, de Sorolla y Bastida,
et ses fameuses scènes ensoleillées, — filles
et femmes de marins cousant la toile, bateaux
aux voiles gonflées par le vent, plage de Va-
lence grouillant de petits corps nus qui barbo-
tent dans les vagues, — les brillantes paysanneries de Vazquez, la mort de la jeune
malade, de Soriano, gîsant sous la froide
clarté de l'hôpital dans ce triste lit de fer,
près duquel les parents et la petite sœur se
désespèrent, la tragique douleur de la vieille
paysanne, de Pla y Rubio, à l'arrivée du jeune
soldat, son fils, qui rentre aveugle de la guerre,

les toiles aimables et légères de Laureano
Barrau, portraits de jeunes filles, atelier de
faïencerie à Séville, vastes scènes champêtres
baignées d'air et de lumière, les chevaux em-
ballés de Checa, la femme au piano de Casas,
les grands-parents et la petite fille de Texidor,
la coquette tête brune coiffée par Pierre Ribéra d'un grand chapeau de paille que cou-
ronnent des coquelicots, voilà les principaux
envois de l'Espagne dans ces dernières
années.

D'autres encore rattachent l'une à l'autre
les deux écoles voisines, mais divergentes;
fantaisistes charmants et subtils, dessinateurs ingénieux et infiniment habiles, ils
donnent, avec quelques lignes rapides et heureusement choisies, la sensation de la vie et
du mouvement dans leurs figures très simples
et très raffinées, délicates silhouettes dans la
lumière claire : ce sont les impressionnistes
du dessin. Antonio de la Gandara, le peintre
des fines élégances, l'interprète scrupuleux
des dernières modes, donne une fierté d'in-
fantes de Castille à ses effigies féminines,
minces et fragiles comme des roseaux. L'Amé-

ricain Alexander s'est créé un style d'une coquetterie spirituelle et d'une harmonieuse souplesse : Pandore est assise près de la boîte fameuse, une tunique de gaze voile à peine son corps gracieux, caressé de lueurs légères ; une jeune femme, vue de face, fixe une parure dans ses cheveux ; une autre, vue de dos, se retourne et s'incline, longue et svelte, d'un mouvement ondulant ; la même sveltesse juvénile nous enchante dans « la femme en jaune » qui ramène sa robe d'un si joli geste, et nous sourions au vis-à-vis très sage d'une petite fille et de sa grande poupée. L'Anglais de Glehn précise, d'un dessin plus accentué, dans un sentiment très britannique, la mièvrerie pâmée de sa Léda, et le Russe Botkine, supprimant tout modelé, anime, par un simple contour fortement appuyé, des figures d'une simplicité d'icônes primitifs et d'une séduction étrange. Ainsi ces indépendants se taillent un domaine particulier entre l'impressionnisme et le plein-air et mettent leur ingéniosité au service d'une grâce très personnelle et d'un délicieux maniérisme.

V

# LE PLEIN-AIR

———

## CHAPITRE PREMIER



Nous avons réservé le nom de plein-airistes aux peintres qu'intéressent surtout, non plus les taches éblouissantes des couleurs, mais l'union intime des personnages et du milieu aérien, les transparences blanches et fines de l'atmosphère, les éclairages pâles et les atténuations de la lumière grise.

Ils ont malheureusement perdu trop jeune leur chef incontesté, ce Bastien-Lepage, fils de la forte Lorraine : « le Primitif », comme l'appelaient ses camarades d'atelier, ignorant de l'histoire, insoucieux des conventions, n'é-

coutant que son génie propre, ne demanda de
leçons qu'à la Nature, l'éternelle inspiratrice
des grands artistes. Il vit, dans les campagnes
de Damvillers, dans la vallée de la Meuse et
dans les plaines de la Woëwre, des paysans
et des paysannes occupés à leur tâche quoti-
dienne, travaillant ou se reposant à l'air libre;
il dit sincèrement et fortement ce qu'il avait
vu, et ce sont ses deux chefs-d'œuvre, « Les
foins » et « La récolte des pommes de terre »,
où l'on ne sait ce qu'on doit admirer le plus :
construction solide des personnages, franchise
de la touche, justesse de l'éclairage, union
parfaite des figures et du paysage dans l'enveloppe aérienne. C'était un art nouveau qui
naissait, ennemi de la fraude et des mensonges, brillant de probité, de force et de
santé. Puis, comme pour montrer qu'il n'était
rien d'inaccessible à cet art loyal et précis,
Bastien-Lepage peignit ses petits portraits,
qui rappellent les Clouet, délicates figurines,
finement ciselées en pleine lumière, et surtout
sa « Sarah Bernhardt », cette merveille. Sa
maîtrise s'affirmait chaque jour par un progrès
continu, quand il nous fut brusquement en-

levé. Et certes, dans cette trop courte vie, il a fait assez pour sa renommée; il n'avait pas besoin d'autres œuvres, mais nous avions besoin de lui : sa mort prématurée est le deuil le plus douloureux qui ait frappé depuis long-temps l'art Français. Plus d'un siècle et demi auparavant, — si l'on peut évoquer ensemble les noms de deux maîtres aussi différents, presque opposés l'un à l'autre, mais qui tous deux se dégagèrent des traditions de l'École et des entraves officielles et qui tous deux furent des créateurs, — Watteau, lui aussi, mourait à trente-sept ans.

Et Duez, de même, est parti trop tôt : le peintre de « Saint Cuthbert » se préoccupa plutôt de la lumière blanche que de l'enve-loppe aérienne; ses personnages, justement éclairés, gardent une solidité toute classique, et leur union dans l'atmosphère avec la cam-pagne qui les entoure n'est pas aussi intime que chez Bastien.

Les chefs actuels du plein-air sont des réa-listes, et la plupart ne se plaisent qu'aux scènes familières ou populaires, aux travaux et aux joies de la maison, de la rue et des champs.

Ils ont tous sans doute un air de famille, unis dans le commun amour des tonalités claires, de l'observation exacte, de la reproduction fidèle du réel, mais ils diffèrent singulièrement les uns des autres par les moyens d'expression qu'ils employent ou le domaine qu'ils ont choisi.

Roll se passionne surtout pour l'étude de l'ambiance aérienne, pour le rendu des finesses de l'atmosphère, fût-ce aux dépens de la solidité des figures; et, si Duez, moins soucieux de l'enveloppe que des formes, peut se placer à la droite de Bastien-Lepage et le relie aux classiques, Roll, qui sacrifie volontiers les formes à l'enveloppe, se place à sa gauche et tend la main aux intransigeants du plein-air. Ambitieux, hardi, parfois exquis, souvent lâché dans sa facture, Roll ne nous laisse jamais indifférents : qu'il nous irrite par le sans-gêne audacieux de ses vagues ébauches noyées dans le flou et par l'insuffisance de ses personnages réduits à d'inconsistantes apparences, ou qu'il nous séduise par ses transparences fluides, comme dans ses petits paysages rapides et justes, et par la fine délicatesse et

la limpidité légère de ses tons roses, comme
dans cette charmante « Manda Lamétrie »,
d'une fraîcheur printanière dans sa jeunesse
en fleur.

Gervex est le prince des tons clairs, il ne
connaît pas l'ombre, ou du moins ses ombres
mêmes sont des clartés : l'intérêt principal de
son « Défilé des troupes coloniales au Palais
de l'Industrie en 1889 » est la distribution
de la lumière dans la grande nef de verre;
son « Yachting dans l'archipel » n'est qu'un
prétexte au concert lumineux des blancs costumes et de la mer bleue. Sous son pinceau
léger, qui effleure à peine la toile, naissent
des figures féminines d'une grâce souriante,
images toutes superficielles, comme s'il crai-
gnait de les assombrir par quelque rehaut de
pâte, de les alourdir par un modelé trop accentué.

Et parfois cependant, et Gervex et Roll,
se rappelant leur éducation première, reviennent, par un heureux éclectisme, aux couleurs chaudes et au dessin solide de l'école
classique pour établir d'expressifs portraits
d'hommes avec l'énergie nécessaire. L'exemple

leur avait été donné par Bastien-Lepage lui-même : voyez, au Luxembourg, son portrait du vieil et célèbre philosophe, Adolphe Franck, d'un modelé si puissant et d'une si pénétrante analyse.

Lhermitte cherche surtout à donner une importance égale au paysage et aux personnages, à unir l'homme et la nature. La ville n'est pas son fait, et il ne fut que rarement infidèle, comme dans sa grande toile des « Halles », à ses chères campagnes de l'Aisne, qu'il aime à peupler de moissonneurs, de glaneurs, de lavandières, à ces fermes, où les travailleurs de la Terre rentrent le soir, las de leur rude journée, bronzés par le soleil, robustes et lents. Jules Breton dégage de l'observation réelle la poésie des lignes et l'harmonie des couleurs, Lhermitte s'en tient à la traduction consciencieuse de la réalité et à la notation fidèle et austère de la lumière blanche. Sa touche, singulièrement hachée, est très personnelle et reconnaissable de prime-abord, son dessin est juste et loyal, sa composition savante et réfléchie, et, presque toujours, ses œuvres nous donnent une impression de franchise robuste, de conviction sincère et grave, de vigueur raisonnable et saine. Peut-être pourrait-on demander un peu plus de gaieté et de souplesse à son coloris, qui ne semble pas assez varié : ses peintures atteignent rarement, — sauf quelques pages supérieures, comme son « Béguinage à Gand », — aux savoureux effets de ses pastels et surtout de ses admirables fusains, où il est vraiment sans rival.

Il n'est guère d'observateur de la vie réelle qui puisse lutter d'exactitude et d'esprit avec Friant : ses petites toiles sont presque des chefs-d'œuvre. On ne saurait, pour la justesse, la netteté, la finesse, la précision, aller au delà de ce « Chagrin d'enfant », toute jeune fille souriante consolant une fillette boudeuse : c'est un bijou précieusement ciselé. Et quelle idylle délicate et légère que ses « Environs d'Ems », vastes pâturages des plateaux de la Lahn, animés de bergères et de troupeaux, baignés d'air et de lumière !

Pourquoi Friant se laisse-t-il tenter quelquefois par de grands tableaux, où il ne nous donne rien de plus que dans ses petites scènes et qui, par conséquent, n'ont pas la même valeur? Il joue d'ailleurs la difficulté en accumulant sur une vaste toile des draps noirs, des robes de deuil et des crêpes, et l'impression est peu agréable de tous ces noirs ternes dans la lumière blanche et froide. Cette périlleuse tentative, il l'avait déjà hasardée dans son « Entrée du cimetière le jour de la Toussaint », qui est au Luxembourg : il l'a renouvelée, au cimetière encore, avec sa « Douleur ». Et, sans doute, l'intérêt dramatique finit par se dégager; il se concentre sur les trois figures principales : tandis que les comparses, la cérémonie accomplie, s'écoulent, convenables et indifférents, une femme âgée, la veuve, est restée à genoux; un sursaut de désespoir la jette en avant vers la fosse encore ouverte; elle va défaillir, mais une autre femme et une jeune fille tendent les bras vers elle pour la soutenir. L'expression est poignante de ce pauvre vieux visage pâli et miné, et c'est la chaste et touchante image de la pitié que cette jeune fille douloureuse venant en aide à cette suprême douleur d'un élan secourable et navré. Nous retrouvons donc ici les qualités ordinaires de Friant, analyse très juste des expressions, fermeté correcte et élégante du dessin, sens de la composition ; mais, encore une fois, pourquoi compromettre sur ces vastes surfaces, où il risque de se perdre, un talent fait de finesse et de précision, qui s'affirme avec une incomparable sûreté dans un petit cadre? Quel est ce fétichisme de superficie? Nous vient-il à l'idée de comparer les ennuyeux mètres carrés des Carraches et du Guerchin aux tableautins merveilleux de Terburg et de Metzu, de Pierre de Hooch et des Van Ostade? Ou peut-être la maîtrise de Paul Potter serait-elle plus évidente dans le « Jeune Taureau », célèbre et discutable, qu'ils ont à la Haye, que dans les « Vaches au pâturage » et les « Chevaux près d'une chaumière », que nous avons au Louvre?

Au goût délicat, à la fine exactitude de Friant s'opposent les violences déclamatoires de Pelez. Observateur amer et pénétrant, dramaturge qui vise aux effets lugubres, il est le chef des naturalistes farouches et sa brosse semble vouloir rivaliser avec la plume de Zola, du Zola de l'Assommoir, de Paris et de Germinal. Il raconte les misères lamentables des pauvres hères, la jalousie haineuse des gueux, dans de vastes tableaux, sinistres comme des manifestes d'anarchie, — quelquefois plus prétentieux qu'impressionnants, comme son étrange « Parc Monceau », souvent poignants, comme ses « Saltimbanques », par leurs détails tristement fidèles et leur accent morne et tragique, qu'accentue fréquemment un parti pris discutable, l'opposition conventionnelle des noirs ternes et des blancs crus : plutôt réaliste, par conséquent, que plein-airiste convaincu, réaliste à la façon de Courbet, dont son attristante tonalité rappelle les lourdeurs endeuillement de Manet même parfois, si lamentablelées, sombre et terne, quand il n'est pas d'une exubérante gaieté.

Lerolle enfin, inquiet et souple, se métamorphose chaque année, et les seuls traits communs de son œuvre si divers paraissent être la délicatesse savante du dessin et le souci généreux d'exprimer la vie. Après avoir atteint à une douce sérénité, digne d'un émule de Puvis, dans des paysages calmes et clairs, animés de bergères paisibles, il s'est complu à d'aimables et vaporeuses atténuations dans

ses « Portraits sur les quais » ; puis il a arraché
ce voile léger, ce nuage imprécis pour apparaître converti à une preste et souriante désinvolture dans sa « Loïe Füller », malheureusement aussi aux crudités les plus crayeuses dans
son désagréable « Bain de pieds ». Le voici
maintenant qui se laisse séduire par la chanson
joyeuse des couleurs, néophyte amusé de
l'impressionnisme. Lorsque l'on sait qu'à ses
paysages, ses portraits, ses intérieurs il a
ajouté, pour le Calvaire de la rue de Lourmel
et les Dominicains de Dijon, de grandes compositions religieuses, un peu froides peut-être
et un peu grises, mais sincères, nobles et, par
endroits, suaves, il est impossible de ne pas
s'étonner des avatars perpétuels et des ressources singulières de ce talent ingénieux et
fécond, de ne pas s'intéresser aux démarches
si multiples de cette intelligence ouverte et
impressionnable.

L'ambiance aérienne de Roll, les blanches
clartés de Gervex, l'égalité des droits des
personnages et du paysage, comme chez
Lhermitte, le réalisme précis et spirituel de
Friant, le réalisme amer et violent de Pelez,

les recherches inquiètes de Lerolle et son sens délicat des valeurs, ne sont-ce pas là les articles essentiels du programme plein-airiste?

# CHAPITRE II



Presque tous ces chefs du plein-air excellent dans l'art du portrait, cette gloire française, consacrée par toutes nos écoles : cette tradition-là du moins, ils l'ont respectée ! Beaux portraitistes et Bastien-Lepage et Duez naguère, et aujourd'hui Friant et Lerolle; et nous remarquions tout à l'heure que, s'il s'agissait de portraits d'hommes, Roll retrouvait une précision et Gervex une force inaccoutumées.

D'autres maîtres plein-airistes, et des mieux doués et des plus savants, sont avant tout des portraitistes, et nous leur devons de belles œuvres où l'analyse psychologique et la recherche du caractère pour les figures d'hommes, de la grâce pour les modèles féminins s'unissent avec succès à l'amour des tonalités claires et de la lumière fine.

Les petites toiles de Rixens touchent à la perfection par la sûreté et la souplesse du dessin, la décision délicate et ferme du modelé, la savante justesse de l'éclairage et le jeu harmonieux des colorations claires. Il n'en est pas de plus modernes par le sens des valeurs, l'étude subtile des reflets lumineux et l'exact réalisme de l'interprétation ; mais ne sont-elles pas vraiment classiques par la tenue, la mesure et le goût ?

Paul Mathey est toujours le peintre habile dont le fameux « Portrait d'un graveur » reste un des morceaux les plus accomplis et les plus significatifs du plein-air : il n'est pas loin, au Luxembourg, du « Cardinal Lavigerie » de Bonnat, et le voisinage accuse curieusement le contraste des doctrines et des moyens. Le dessin exact et mince et la couleur atténuée de l'Américain Dannat donnent à ses figures un cachet très personnel de sobre distinction et d'aristocratique réserve.

Le style de Jacques Blanche est d'une franche et piquante originalité ; sa touche est libre, large et singulièrement savoureuse.

Quelle vie intense anime ces deux jeunes filles,
prenant le thé, cette autre jeune fille en robe
noire à ceinture rouge, cette figure fine et
sérieuse de Chéret, cette figure ouverte, spirituelle, gouailleuse de Willy! Et peut-il y
avoir rien de plus charmant que cette petite
fille en robe à raies grises et blanches sous
son chapeau de paille à rubans noirs, ou que
ces études décoratives, jeunes femmes vues
de dos et tournant la tête vers le spectateur
d'un mouvement souple et gracieux, ou bien
encore que ces deux études de « Lucie lisant »,
concert exquis des cheveux noirs et de la
robe blanche?

Ces beaux maîtres ont comme rivale une
Suissesse, toute Française d'ailleurs d'éducation, M$^{lle}$ Louise Breslau : plein-airiste, mais
teintée d'impressionnisme, — voyez, au Luxembourg, ses deux fillettes qui rappellent Renoir
par leur santé florissante et Besnard par la
gaieté du coloris, — elle aime les tonalités chantantes et joyeuses, elle se plaît aux jeux de la
lumière dans les chevelures blondes qu'elle entoure de frissonnantes auréoles. S'il fallait faire
un choix parmi toutes ces œuvres séduisantes,

c'est peut-être la « Petite Fille au chat » que
je nommerais, d'un accent si moderne et d'un
si piquant ragoût de couleurs avec ses cheveux roux, sa figure réjouie, sa robe gris-
bleuté, et aussi, je pense, ce ravissant pastel,
« Mᵉ S. R. », le sourire aux lèvres, la taille
cambrée dans la veste grise de son costume
de chasse.

La souplesse ingénieuse de Rosset-Granger
et son éclectisme délicat se plient aux incessantes variations où l'entraîne une curiosité
toujours en éveil : il va du portrait et du genre
à la fantaisie élégante et porte partout un
sens affiné des harmonies légères. C'est au
contraire dans une gamme sévère de bruns et
de gris que se confine le réalisme hardi du
célèbre graveur Marcellin Desboutins : son
pinceau, aussi ferme et aussi précis que
son burin, anime de vivants portraits d'un
accent résolu et d'un style mâle et incisif.

Gounod construit dans une limpide atmosphère des œuvres séduisantes, d'une solidité
toute classique. Guillaume Alaux et Henri
Rachou modèlent d'un crayon exact des effigies

justes et précises qu'ils caressent d'une fine
lumière : ils y joignent, l'un de clairs paysages
et d'amusantes petites scènes de genre, comme
son « Marchand de lapins », l'autre de curieux
coins de couvent, dans une gamme austère
de gris brunâtres, cloîtres silencieux, tombeaux de pierre, statues gothiques et moines
rigides. Les figures d'Eugène Loup, qui est
surtout un habile et gracieux pastelliste, sont
étudiées avec goût et conscience; celles du
Polonais Loevy ont de l'accent et de l'éclat.
Aux brillantes couleurs de son maître Carolus,
une Américaine, M$^e$ Lee-Robbins, préfère une
tonalité plus légère et plus sobre pour ses
portraits féminins, d'une allure aisée et originale. M$^{lle}$ Camille Berlin enveloppe les siens
d'une brume délicate, et, par ces aimables
atténuations, comme par la mélancolie plus
terne de ses vagues allégories, estompées dans
une pénombre grise, elle annonce le nuagisme.
Enfin les recherches patientes et les ressources
multiples du Génevois Charles Giron s'attestent par des œuvres très diverses, les unes
simplifiées et expressives, comme son « Ha-
raucourt », d'autres précises et fermes, comme

son « Edouard Rod », d'autres encore brillantes et joyeuses, comme cette paysanne d'Unterwald, dont le soleil fait chatoyer le pittoresque costume or et bleu clair.

# CHAPITRE III



### LES SCÈNES RÉALISTES

Les deux domaines spéciaux, où les principes des réformateurs s'appliquent le plus logiquement, où ils ont, plus qu'ailleurs, apporté une beauté nouvelle, ce sont d'abord, et cela par définition, les scènes en plein air, à la campagne ou dans la rue, puis, par haine des académies de convention, les scènes réalistes et les scènes familières.

Nous avons vu à quelles finesses, à quelles légèretés arrivent les paysagistes du plein-air : l'intérêt principal des scènes campagnardes sera l'union intime des personnages et de la nature qui les entoure, l'accord parfait de toutes les parties du tableau dans l'ambiance aérienne, à l'imitation de Bastien-Lepage et de Lhermitte.

Plaçons à part Jules Muenier : c'est plutôt

un poète qu'un réaliste véritable. D'une touche très personnelle, il construit avec fermeté des campagnes gracieuses et nobles et
le peuple de paysans, de travailleurs rustiques, à l'allure fière et décidée, comme ses chemineaux au bord d'une rivière et son couple de
montagnards suisses sur une terrasse domi-
nant le panorama de Fribourg. On peut lui
reprocher un parti pris d'enveloppe jaunâtre,
mais il faut reconnaître que cette irradiation
cuivrée convient à merveille aux couchers de
soleil dont elle traduit avec bonheur la magnificence. Victor Binet anime d'une coloration
joyeuse d'aimables paysages et de jolies
scènes campagnardes, et Jean-Jacques Rousseau modèle avec précision, dans une claire
atmosphère, des paysans justement observés
et de solides vaches Normandes. Mais que
Muenier renonce à sa chaude tonalité, Binet
à son gai coloris, et que Rousseau exagère sa
clarté blanche, aussitôt une lumière blafarde
et crue menace de durcir et d'attrister leurs
toiles, comme si la vie s'en retirait : la sécheresse les guette et, pas plus que les coloristes classiques insoucieux de la lumière, ces

luministes ne l'éviteraient, s'ils se désintéressaient de la couleur.

Albert Fourié ne nous a pas donné le Jordaëns d'une Normandie ensoleillée, le peintre de haute graisse, lumineux et rubicond, brutal et plantureux, que ses débuts nous avaient promis ; sa fougue s'est calmée, et ses œuvres ont perdu en chaleur et en éclat ce qu'elles ont gagné en noblesse et en sérénité, comme ses « Poèmes des champs », ou bien en grâce et en élégance, comme sa « Fille d'Ève », couchée sur l'herbe, coquette et superbe nudité et rutilante chevelure rousse, que caressent des lueurs dorées.

Les blanchisseuses du Russe Kouznitzow travaillent au soleil dans un jardin, et leurs longs sarraux blancs sont mangés de lumière. Henri Guinier promène dans les champs fleuris, à la lisière d'un petit village que domine un clocher gothique, ses « Enfants de Marie », jeunes paysannes vêtues de blanc, sérieuses et recueillies, et leurs parents endimanchés : scène paisible d'un accent juste dans une belle limpidité d'atmosphère ; mais il incline, lui aussi, comme Fourié, de l'observation exacte vers la poésie élégante avec des figures de jeunes femmes, d'une séduction raffinée dans leur charme printanier.

Duvent est plus fidèle à un réalisme sérieux et presque austère. Son triptyque de la « Procession » est une composition remarquable, digne d'un primitif par la grandeur du travail, la précision du dessin, l'exactitude du détail et le sens du pittoresque : sur la rangée régulière des maisons aux couleurs vives, qui occupent le fond de la toile, se détache dans une belle clarté le cortège du premier plan, robes rouges des enfants de chœur, voiles blancs des jeunes filles, costumes de fête du clergé, riches bannières aux plis lourds; et c'est à la fois d'une scrupuleuse vérité et d'une poésie de légende. Nous retrouvons les mêmes qualités dans ses portraits féminins, dans sa petite toile des « Haleurs » et dans sa dernière œuvre, ce mélancolique canal de Hollande et cette grande et lourde gabare qui porte toute une « Famille » de bateliers. C'est un art très original : Duvent, qui se rattache au plein-air par ses justes analyses des transparences de l'atmosphère, s'en écarte par la recherche des couleurs fortes, riches et parfois lourdes. Joignons-y la gravité du sentiment, la conscience du dessin, la solidité, la raideur même des formes, et nous dirions volontiers d'un vieux maître gothique, qu'aurait transformé le souci nouveau de l'ambiance aérienne : cette loyale et curieuse peinture est comme le trait d'union des plein-airistes aux archaïsants.

Albert de Moncourt nous donne de calmes images de la vie provinciale, une rue paisible où passe une religieuse, un carrefour au crépuscule où deux commères causent à voix basse, une petite place déserte, les vieux à l'hospice, la chute des feuilles : et l'on aimerait avoir, dans quelqu'une de ces petites cités de repos et de paix, un ami très cher et très âgé, pour vivre quelques douces journées, quelques semaines peut-être, près de lui, enveloppé d'affection et de silence, dans une sorte d'engourdissement bienfaisant et d'oubli libérateur.

Les intimités mélancoliques et pâles de Louis Leclercq, « la Lecture », « la Prière de la famille », doivent une pénétrante émotion, une sorte de recueillement ascétique et d'humble résignation à la pauvreté chétive et attristée des formes et à la gamme très délicate des tonalités mourantes.

C'est du plein-air que relèvent les récits simples et familiers de Raoul Arus, éclairés d'une lumière vraie, les scènes religieuses, paisibles et recueillies, d'Hippolyte Guy, « Prière », « Vœu à la Vierge », et les études justes et précises d'Étienne-Eugène Leroux, comme ses « Vieux serviteurs », le cheval et l'homme, unis par la longue habitude du labeur commun et du dévouement fidèle au même maître ; du plein-air aussi, cette fine impression, « Petits paysans surpris par l'orage », de Godeby, qui avait auparavant éclairé de curieuses et chaudes lueurs une « Adoration des bergers », d'un classicisme modernisé, et qui nous a rapporté depuis lors d'intéressants souvenirs d'Algérie.

René Martin est trop souvent reconnaissable à sa tonalité fantaisiste et à sa lumière vitreuse, mais nous lui devons parfois des scènes calmes et recueillies, d'une poésie un peu mélancolique, comme sa « Causerie » intime au crépuscule sur le môle devant le port. Les petits sujets bretons de Lucien Gros, pêcheurs et marins, hommes et femmes en tenue de travail ou en costumes de fête, sont un peu lourds et ternes, mais sérieux, solides et vrais. Jules Bocquet établit avec justesse et .simplicité des intérieurs picards qui fleurent une bonne odeur campagnarde.

Constantin Le Roux rappelle les Le Nain par le sens de la vie champêtre, les teintes rousses et grises atténuées et les formes solides et lourdes. Il traduit avec sincérité, dans son « Repos après la fenaison », la grossièreté altérée et la gaieté pataude des paysans; ce n'est pas la kermesse flamande, magnifiée par Rubens en une sorte d'épopée orgiaque de ripaille triomphante et de brutalité déchaînée : c'est la notation scrupuleusement réelle de la détente joyeuse des corps, qui s'affalent après la tâche accomplie, et des appétits longtemps refrénés, qui peuvent enfin se satisfaire.

La touche violente et presque brutale de David-Nillet ne messied pas à son « Benedicite » rustique et à sa vieille tricoteuse. Jeanniot continue la série naturaliste de ses scènes populaires et militaires, si exactes et

si justes : il fixe d'un pinceau sans pitié d'i-
noubliables figures, vieille femme du peuple
d'une inquiétante laideur, petite gamine
rousse à la mine balourde et ahurie; il exprime toute la poésie faubourienne dans le
repos du soldat et de sa payse au bord de
l'eau, et sa « Marche » du régiment, lourde,
tassée et lasse, est un morne et saisissant souvenir de la guerre.

Avec Jeanniot, nous quittons la campagne
pour la ville et le paysan pour l'ouvrier : ici le
réalisme s'assombrit et tourne vite à un naturalisme attristé, mais gagne peut-être en force
et en profondeur. M^{lle} Delasalle avait montré
dans son « Retour de la chasse », si vivant et
si réel malgré le décor préhistorique, un sens
de la rudesse épique, surprenant chez une
femme; elle en a fait preuve de nouveau dans
son « Terrassier », puissamment modelé à
contre-jour, qui dresse dans le crépuscule sa
carrure redoutable sur le ciel enfumé : il se
dégage une sorte de poésie farouche de ce
colosse qui s'avance, misérable et superbe,
dans la pénombre du jour mourant. M^e Abran
déploie des qualités analogues, sincérité,

conscience, énergie, dans de hardies et laborieuses études d'intérieurs, comme sa « Mine », où l'on entrevoit des travailleurs, noirs de charbon, qui peinent dans la nuit.

C'est à la loyauté de l'observation, à la franchise de la conviction que les scènes de la rue d'Adler et de Besson doivent leur incontestable valeur ; ils ne croient pas d'ailleurs qu'il faille sacrifier à l'amour de la vérité l'art de la composition, le choix nécessaire. Besson accuse la mélancolie de ses sujets, « le Denier de la veuve », aumône de la pauvreté à l'indigence, « le Fardeau », sous lequel plie une robuste ouvrière, « le Banc », où de faméliques tâcherons dorment leur lourd sommeil de misère, en les enveloppant d'une atmosphère grise et terne.

La touche d'Adler est plus accentuée : il assombrit résolument sa couleur pour donner plus d'accent à son « Vieil ouvrier » ou à ses « Joies populaires », pour atteindre même à une émotion tragique dans sa « Mère », pauvre femme qui détourne la tête avec horreur et entraîne son enfant d'un mouvement affolé en passant devant le cabaret maudit. Ces qualités

de vigueur et d'énergie, cette mâle recherche
de l'âpreté et même de la rudesse l'ont servi
à merveille dans sa dernière œuvre, dans ce
cortège farouche des grévistes du « Creusot »,
qui, d'une brusque et violente allure, s'avancent en rangs pressés, sous la tristesse du ciel
bas, dans la noire atmosphère de la ville en-
fumée, — hommes, femmes, enfants, vieillards,
raidis dans l'orgueil de leur force, la conviction de leurs droits, l'exaspération des in-
justices souffertes et le fanatique espoir des
vindictes prochaines.

Ces plein-airistes, tout en gardant le souci
très scrupuleux de l'ambiance aérienne, ne
craignent donc pas de corser leur palette et
de répudier les teintes trop pâles qui ne seraient pas en rapport avec leurs sujets. D'un
côté, ils ont un respect tout classique du
dessin, de l'autre, ils se rapprochent, par leurs
tonalités, de l'École nouvelle qui proteste
contre les blancheurs exagérées du plein-
air : c'est dans ces œuvres sincères et réflé-
chies que l'on peut entrevoir la réconciliation
en une synthèse harmonieuse des trois grandes
écoles aujourd'hui rivales et l'union de quali-

tés, en apparence opposées, qui assurera l'a-
venir de la Peinture Française.

Et ce trait d'union des teintes pâles du plein-
air aux teintes chaudes de l'École Bretonne,
je le trouve également dans quelques scènes
intimes, libres et saisissantes, d'un sentiment
intense et d'un réalisme puissant, comme « la
Chambre de malade » et « le Goûter », d'Hu-
gues de Beaumont, ou bien encore « la Jeune
Malade », veillée par sa grand'mère angoissée,
d'Henry d'Estienne, qui estompe aussi de gracieuses figures de femmes, construit de fortes
effigies ou précise de petits et vivants médaillons dans une riche et suggestive pénombre.

Nous revenons à l'éclairage diffus du grand
jour et aux finesses délicates de la lumière
blanche et pâle avec l'intéressante série des
ateliers alsaciens de Zwiller, les charmants
squares Parisiens d'Albert Cresswell, peuplés
de jeunes ouvrières qui déjeunent ou qui
chantent, les paysages urbains de Darien, ses
« Halles », son « Marché aux oiseaux », vives
impressions de grouillement populaire dans la
bruine bleuâtre du matin; et, de même, avec
les fougueuses résurrections de l'amphithéâtre

romain, de l'Américain Melville Du Mond, combats de tigres et d'éléphants, condamnés livrés aux bêtes, foule grouillante et hurlante, tourbillons de poussière ensoleillée.

Les dessins de Renouard sont célèbres : portraits, scènes londoniennes, personnages d'un procès fameux, études d'animaux dans toutes les poses et sous toutes les faces, singes et chiens, chevreaux et lapins, poules et canards, pullulant sur des pages ineffables qui débordent de vie, ce sont de petits chefs-d'œuvre d'esprit, de précision et de verve. Le peintre est digne du dessinateur par la variété des sujets, par l'exactitude et la force de l'observation, par la concision nerveuse et mordante du trait, relevé d'une couleur âpre, juste et très personnelle, — qu'il saisisse, par quelques touches rapides et expressives, l'aspect d'ensemble, l'impression colorée de la Chambre des Députés, qu'il éclaire d'une lumière crue un « Mendiant de Sologne », une « Leçon de vacances », un groupe enfantin de « Lauréates » en robes blanches, couronnées de fleurs, ou qu'il rehausse d'ombres et de clartés « La sortie de la messe aux Invalides », vieux of-

ficiers défilant entre deux haies de vieux soldats au port d'armes, glabres ou moustachus,
glorieux débris, héroïques et mutilés :

> « Sur leur front par vingt cieux bronzé
> La cicatrice continue
> Le sillon que l'âge a creusé. »

Beaucoup d'étrangers ont accepté avec enthousiasme les idées nouvelles, en les modi-
fiant chacun selon son génie propre : et c'est
ainsi que le plein-air s'honore des noms célèbres du Hollandais Israëls, le vieux maître
qui a régénéré la peinture aux Pays-Bas, et
des Allemands van Uhde, plus poétique, Lie-
bermann, plus âpre, tous trois vigoureux réalistes, narrateurs émus des scènes populaires
et de la vie étroite et grise des pauvres gens.
C'est dans les ombres flottantes d'une atmosphère orageuse ou crépusculaire que l'Américain Max Bohm dispose, avec une énergie toute
primesautière, les groupes incertains et puissants de ses marins et de ses pêcheurs.

La Belgique a donné au plein-air deux
aimables peintres : Evariste Carpentier, dont
les anecdotes rustiques ont une jolie sincérité

d'accent, et surtout le charmant Dierckx, qui fait jouer, avec une délicatesse exquise, la lumière frisante sur les cheveux blonds et dorés, les nuques enfantines, les bras potelés, les yeux bleus clairs, les minois souriants de ses petites filles flamandes et sur les figures sérieuses, mornes, parfois même mélancoliques, de ses ouvrières et de ses paysannes.

C'est à l'écart sans doute, mais en avant de tout ce groupe de réalistes et de luministes qu'il convient de placer un autre Belge, artiste grand et singulier, le célèbre Frédéric. Dessinateur admirable de formes précises, qu'il baigne d'une lumière claire et blanche, médiocrement intéressé par la couleur, il a quelquefois représenté, dans ses toiles savantes, vigoureuses, sévères, peu séduisantes, des scènes familières, comme ses trois fillettes en robes rouges épluchant des pommes de terre; souvent il a ciselé des nus aux contours exacts et rigides, aux chairs ternes et ballonnées, poupées pleines d'étoupes plutôt que vivantes carnations; parfois aussi il s'est amusé à des fantaisies très appliquées, moins gracieuses que sèches et contournées, comme

ses « Quatre saisons ». Mais ses sujets de
prédilection et ses triomphes, ce sont les
foules, les multitudes grouillantes de corps
accumulés, enchevêtrés, qu'il charpente avec
une anatomie imperturbable, qu'il précise et
qu'il distingue : rien de vague, rien d'em-
brouillé, c'est la netteté dans la confusion et
l'ordre dans le chaos. Ce sont ces qualités
austères qui font, je ne dirai certes pas le
charme, mais la haute valeur d'œuvres, comme
son fameux « Tout est mort », ce charnier
soigneusement catalogué de cadavres irréprochables, et comme le triptyque « Les âges
de l'ouvrier », surchargé d'enfants qui tettent,
de gamins qui vagabondent ou jouent aux
cartes, de femmes qui souffrent, d'hommes qui
peinent, de vieillards qui meurent, tout cela
maigre, hâve, misérable, affamé, pauvres
vies sans joies et sans espérances, toutes de
privations et de douleurs, de morne résignation et de haine comprimée, aboutissant à
l'enterrement civil, au drapeau rouge du
corbillard qui passe au fond de la rue : c'est
le juste et âpre symbole d'une grande ville
industrielle du Nord, où la foi est morte, où

fermente la révolution anarchique ; et la raide
précision du dessin, comme l'éclairage cru et
froid, sans douceur et sans gaieté, contribuent
à l'impression d'amertume et presque d'effroi.

Il est rare que le Réalisme s'élève à cette
hauteur tragique, et, d'ordinaire, la transition
est insensible de cette peinture de la vie
réelle à la scène de genre : les œuvres de
Renouard ne les rattachent-elles pas l'une à
l'autre ? Et, de même, les charmantes pages
persanes de l'Américain Weeks, d'une transparence si aérienne et d'une couleur si chantante ? De même encore, les sincères et vivantes études de Pascau et les toiles de Buland
et de Geoffroy ? On connaît depuis longtemps
l'exécution consciencieuse et solide de Buland, la finesse de son analyse, son amour du
détail exact : « Le Marchand de bric-à-brac »,
amorçant le client avec une verve allumée de
rusé matois, « la Procession », « les Bretons en prière », la femme insignifiante et
effacée, l'homme solennel et grave, agenouil-
lés devant un informe crucifix de bois bariolé,
« le Déjeuner des laveuses », d'un dessin si
précis et d'une si ferme décision, attestent de

nouveau la sérieuse loyauté de son observation et la robuste probité de son talent.
Geoffroy est le peintre attitré des enfants : il
nous les montre à tous les âges, dans des intérieurs largement éclairés, bébés des écoles
maternelles grimaçant et pleurant devant le
redoutable lavabo, élèves des écoles primaires
de France et d'Algérie, jeunes apprentis des
écoles professionnelles, et cette petite fille que
l'on coiffe « la veille des prix » et qui garde
un risible sérieux sur sa face joufflue de pou-
ponne.

Beaucoup d'autres artistes ne cherchent
qu'à reproduire exactement des scènes familières éclairées de leur vraie lumière : telles
« la Dictée » d'une mère à sa fille et « la
Quête un jour de première communion », de
Raoul de Pibrac; tel aussi « l'Ex-voto »
d'Edmond-Adolphe Rudaux. Henri Royer,
qui avait exprimé d'un pinceau savant, mais
un peu froid, la piété naïve et le recueillement des âmes simples dans son « Vœu
d'un marin » et ses « Communiantes », a révélé un goût tout nouveau de la couleur et de
la lumière dorée dans sa charmante petite

toile, « Le Benedicite ». Les intimités du Philippin Hidalgo ont une fine délicatesse. Les intérieurs du Suisse Delachaux et ses effigies variées d'une gracieuse fillette rousse doivent encore leur charme aux harmonies légères de la lumière.

Dans le jour gris d'une sacristie, une Belge, M^lle Louise De Hem, anime les visages paisibles et raconte les calmes travaux d'un bedeau et d'un enfant de chœur. C'est une aimable étude dans un intérieur d'une lumière adoucie et jaunie que « la Petite Boudeuse » de M^lle Mélanie Besson.

Les œuvres de Prinet sont très significatives : sérieuses études de nu, calmes paysages, scènes familières, comme « l'Envolée », — petites filles qui descendent bruyamment l'escalier, le cerceau à la main, — récits intimes amusants et justes, d'une observation ingénieuse et d'une facture à la fois précise et souple, comme sa « Partie de trictrac » et ce plaisant diptyque provincial, la « Chambre rouge » mal rangée, où le célibataire, qui a doublé le cap de la trentaine, fait la grasse matinée en lisant son journal, et la proprette

« Chambre blanche » où la demoiselle, jeune encore, mais qui a coiffé sainte Catherine, assiste, à la même heure, avec un mélancolique sourire, au déjeuner de son chat. On constate ici, comme chez Adler et chez Besson, la volonté résolue de corser la palette, de renforcer le coloris, de foncer les teintes sans renoncer pourtant au souci de l'ambiance aérienne. Prinet, qui se rattache au plein-air par ses fines analyses de l'atmosphère et des rayons lumineux et au classicisme par la précision savante de son dessin, mène à l'École Bretonne par ses tonalités chaudes et assombries.

C'est dans la pénombre transparente d'une chambre à demi obscure que Joseph Enders modèle avec un sentiment délicat les personnages de ses petites compositions, malicieuses comme « la Veillée au presbytère », le curé et sa gouvernante ronflant des deux côtés du poêle, l'une sur son ouvrage et l'autre sur son bréviaire, — émues comme «Rayon dans le deuil », cette paysanne pauvre et veuve embrassant sa fille qui part en robe blanche pour la communion, — tristes enfin comme « le Premier Deuil », l'homme et la femme pleurant près du berceau vide. Et c'est une image exquise de paix, de sérénité, de silence, que son « Village endormi » sous la caresse froide et argentine de la lune amie !

Et que de précieux instantanés de la vie contemporaine, que de tranches de vie spirituellement observées, fidèlement reproduites ! « L'électeur », de Bergeret, — de ce même Bergeret dont nous avons admiré les natures mortes, — ouvrier dépenaillé, lit, les mains dans les poches, une profession de foi sur le volet d'un cabaret. « Monsieur le maire », de Darien, notable agriculteur, consolide ses bretelles, sous les yeux d'un Napoléon lithographié, avant d'aller présider son conseil municipal. « Les Joueurs de billard » de Clément s'appliquent, pointeurs affairés, ou sourient, spectateurs ironiques, dans la lumière crue du gaz d'un café. « Les Parisiens » de Truchet, attablés aux brasseries, ébauchent un flirt médiocrement platonique, et ses « Esthètes » poétisent burlesquement leur soirée musicale de leurs longs cheveux de snobs et de leurs poses botticellesques : inestimables documents pour les historiens de l'avenir !

# CHAPITRE IV



Le programme plein-airiste, transparence de l'atmosphère, fraîche délicatesse du colo-ris, n'était pas pour déplaire aux peintres des fantaisies élégantes, à ces amoureux des grâces féminines, qui saisissent subtilement le charme fugitif des attitudes. Beaucoup d'entre eux aiment les teintes pâlies et les valeurs atté-nuées : il leur semble que cette enveloppe légère caresse plus moelleusement les lignes souples d'un beau corps.

Et ce sont de capricieuses et irréelles visions, comme les femmes qui passent devant la lagune, de l'Espagnol Léandre Garrido, les pâles effigies aux couleurs éteintes de l'Américain Louis Loeb, les fantaisies décora-tives, capricieuses arabesques de femmes et de feuillages, de Moreau-Néret, les groupes champêtres du « Tendre automne »

de Paul Steck et les féeriques allégories
de son triptyque, « la Mélodie » dans un
« Clair de lune » bleuâtre, « le Rythme »
dans un jaune « Clair de rampe », « l'Harmonie » dans un « Clair de lampe » rouge ;
ce sont encore les blonds modèles et le
décor mondain de M^me Frédérique Vallet, et
les « Parisiennes à la campagne », d'Alleaume,
un peu maniérées peut-être, mais nimbées
d'une aimable lumière frisante.

Les fines idylles d'Emile Mesnager, d'une
poésie spirituellement précieuse et comme
poudrée, semblent les marivaudages atténués
d'un Watteau pâli, mélancolique et vaporeux,
— pays bleu de Musset, estompé dans la bruine
délicate de quelque poète décadent.

Les nudités féminines d'Aublet se détachent
très blanches dans l'herbe très verte ; celles de
Callot sont plus fines, plus mièvres et plus gra-
ciles ; les voici à demi classiques dans les rêves
d'une Arcadie modernisée de Marcel Mangin,
comme sa « Musique du soir ». Joignons-y les
études de nu parmi les fleurs et dans l'éblouissement de l'été, de Sonnier, de M^lle Dufau et
surtout de l'Américain Julius Stewart, gra-

cieux corps de femmes, mouchetés de clartés
dorées qui filtrent à travers les branches et les
feuilles, chasseresses, nymphes et bacchantes.

D'un style plus réaliste et d'une touche plus
libre, et parfois presque brutale, Calbet modèle par larges teintes plates, à demi plongé
dans l'eau glauque et transparente, le corps
solide et vigoureux d'une jeune nageuse.
Paul Chabas aime la lumière ardente de l'été,
la reverbération capricieuse du soleil sur l'eau
clapotante, les chevelures blondes, les visages
souriants et les torses délicats et souples,
qui se jouent dans la lumière dorée ou la
pénombre légère, jeunes femmes doucement
bercées au tangage d'une barque, jeunes
filles et fillettes, tournant en ronde joyeuse
dans la rivière paisible près de la rive.

Il faut tirer de pair et placer à part les
petites et charmantes toiles d'Henri Thiérot,
« l'Été », « Fin d'été » : les arbres et le ciel,
les baigneuses et la rivière s'estompent dans
une délicate atmosphère d'un blond doré, pâle
et comme dégradée ; la scène champêtre s'enveloppe d'une ambiance de rêve et de mélancolie, et l'on ne devinerait certes pas ici

l'élève de Jules Lefebvre et d'Henri Lévy : originale et séduisante tentative pour unir, avec une réelle science, une intime et profonde poésie aux subtiles finesses d'un plein-airisme mitigé.

Bréauté esquisse avec esprit de petites personnes, sveltes et délurées, qui se baignent, s'habillent, se coiffent, font de la musique dans de coquets boudoirs, où domine une note caressante de rose attendri. D'un trait plus arrêté et d'une main moins légère, Cayron dispose dans des intérieurs plus sombres des groupes élégants, comme ses trois musiciennes au crépuscule.

Bussière dessine dans une blanche clarté ses mièvres figures aux yeux bleu de ciel, « les enfants aux iris » et « aux papillons bleus » et « l'Épopée », singulièrement gracile et douce pour une guerrière, entraînant aux aventures le cortège des héros qui se déroule dans une imprécision de rêve : et, dans ce plein-air, il y a de l'impressionnisme.

Lévy-Dhurmer est aussi un fantaisiste, d'une ingénieuse et captivante étrangeté, et son œuvre, — tableaux et pastels, — est très

varié. Il modèle avec une sobre exactitude
des portraits vivants et clairs, comme ses
masques de « Claretie » et de « Cornély » et
comme son « Rodenbach », dont la blonde et
pâle figure se détache sur le panorama de
Bruges ; et, de même, quand il évoque l'image
d'Hélène, il allume, à l'horizon l'incendie de
Troie : il aime à accompagner ses héros,
comme d'un leitmotiv, des souvenirs qu'ils
suggèrent. Il donne une solidité et une minutie de miniatures à de petites compositions
rustiques, réalistes et allégoriques : vieille
paysanne d'Auvergne, ridée et flétrie, tenant
sur ses genoux une fraîche fillette qui porte à
la main « l'Épi nouveau », petit Breton et
femme Bretonne, « Notre-Dame de Penmarch »,
vêtus de noir, nimbés d'or, très graves et presque hiératiques dans leur raide immobilité d'i-
doles. S'il précise dans une chaude pénombre
la fière nudité de sa brune princesse des Mille
et une nuits, debout sous la voûte obscure d'un
palais d'Orient, il estompe dans une vaporeuse
lumière, et comme dans une bruine aurorale,
des visions mystérieuses et attirantes : déesse
blonde au bord d'une baie où scintillent des

traînées de phares, jeunes filles à l'énigmatique sourire qui passent dans un bois de pins, et
cet Eden de conte de fées où, séduite par le
serpent, Ève se laisse entraîner de l'émoi à la
passion pour aboutir au remords sur les trois
panneaux diversement colorés du triptyque.

Lévy-Dhurmer unit le plein-air au symbolisme. Et, de même, Ary Renan, dans les frêles
et blanches figures de ses romantiques légendes de la mer. La transition du plein-air aux
grâces maladives du puvisisme est indiquée
par un rêveur délicat, portraitiste raffiné et
précieux, peintre romantiqne des femmes éthé-
rées et mièvres, le mélancolique Aman-Jean :
ses modèles sont des sensitives, et l'on dirait
qu'il pense à l'Eva de la « Maison du Berger »,

    « Ange doux et plaintif qui parle en soupirant, »

et qu'il voudrait exprimer par des contours à
la fois mous et raides, par des lignes rares,
simplifiées et volontairement hésitantes, et
par des couleurs claires, mais atténuées et
enveloppées d'une tonalité feuille morte, les
« Caresses » douloureuses et tendres que porte
l'héroïne de Vigny.

« Dans les balancements de sa tête penchée,
Dans sa taille dolente et mollement couchée. »

Il semble pourtant, dans ses dernières créations, se convertir à des coquetteries plus alertes et plus gaies, à des harmonies roses plus joyeuses et plus sonores : le peintre des langueurs souffreteuses deviendrait-il le peintre des sourires?

Les plein-airistes, on le voit, quelle que soit la prédilection de l'école pour les études réalistes de la vie ordinaire, ne se sont pas enfermés dans ce domaine exclusif : la grande révolution réaliste s'est couronnée d'un renouveau idéaliste. Il semble bien qu'ici l'influence de Puvis ait été décisive et que ce soit lui qui ait ouvert toutes les voies de l'art à l'école nouvelle et déterminé les novateurs, qui hésitaient, à ne pas se borner uniquement à l'exacte reproduction du réel. A son exemple, mais sans suivre ses errements, inspirés de son souffle, mais sans pasticher ses œuvres, des penseurs ont voulu reprendre les grands sujets académiques de l'école officielle, en les traitant selon les méthodes rajeunies, disposer des compositions nobles et poétiques, allégories mythologiques ou tableaux d'histoire, dans la pâle et fine ambiance de la lumière claire. C'est, pour choisir un exemple entre plusieurs, la tâche que s'est assignée Cornillier dans ses dernières œuvres, sobres et graves, sa figure savante et forte de « la Douleur » et sa page sereine d'histoire sacrée, « le Repos du Pèlerin », où l'on retrouve, dans une harmonie plus grise et plus atténuée, l'élève de Luc-Olivier Merson.

Les plein-airistes opposent donc, dans tous les genres, des œuvres suivant la formule nouvelle aux œuvres de l'école classique : c'est une féconde émulation.

Le plein-air a son peintre de nature morte, l'Arménien Zakarian, dont les verres, les fruits, les poissons se précisent, délicats et solides, dans une transparente atmosphère légèrement violacée.

Le plein-air a ses peintres d'intérieurs. La contradiction ici n'est que verbale, — apparente, et non réelle, — car il faut faire abstraction du sens littéral de ces deux mots, « plein-air », et ne penser qu'à l'amour pas-

sionné pour l'étude de l'ambiance atmosphérique, qu'au souci spécial de l'enveloppe, qui
caractérisent l'École. En ce sens, Pierre de
Hooch est l'ancêtre glorieux de nos plein-
airistes; et, aujourd'hui même, un de leurs
plus grands maîtres est Maurice Lobre, le
peintre exquis des salons et des galeries de
Versailles, l'admirable interprète de leur noblesse silencieuse et de leurs clartés calmes :
ses œuvres, vraiment parfaites, unissent à
l'impeccable dessin des purs classiques le
sens le plus subtil des transparences aériennes et des caresses légères de la lumière diffuse. C'est d'un pinceau plus pâle que, dans
ses fines études, dans ses spirituelles analyses
de chambres et de cabinets, de boudoirs et de
salons, l'Américain Walter Gay combine, avec
une étonnante justesse, les harmonies chantantes des éclairages atténués, des valeurs
délicates et des reflets éphémères qui glissent
le long des cheminées et des guéridons, s'ac-
crochent aux caprices des consoles dorées et
miroitent sur les panses luisantes des poti-
ches de porcelaine.

Le plein-air a ses décorateurs, et nulle

part l'essai de rénovation n'était plus légitime, puisque ce genre, plus que tout autre, vit de conventions et que les anciennes nous semblent un peu bien usées. Paul Lecomte unit habilement aux pâleurs nouvelles le souvenir des grâces vaporeuses de Corot : de jeunes baigneuses égayent de leurs fraîches nudités un bocage aux feuilles frissonnantes. Sinibaldi unit le réalisme à l'allégorie en opposant une solide « Industrie », plébéienne et trapue, à des « Sciences » aux formes indécises et vagues.

Avec une énergie et une vigueur remarquables, mais souvent aussi avec une brutalité qui paraît trop consciente et trop voulue, Anquetin s'efforce, sur d'immenses toiles, de faire renaître l'art généreux de la grande décoration. Il veut rajeunir le vieux motif du char du Soleil : Apollon debout, les rênes en mains, et le couple endormi sur la terre sont de médiocres figures, l'une raide, les autres contournées ; mais l'attelage échevelé a une assez fière allure et le large cadre, surchargé de bas-reliefs simulés, est d'une belle richesse d'ornements variés. Il déchaîne une « Bataille » tumultueuse à la Jules Romain ou à la Lebrun : dans ce pêle-mêle forcené, les vrais héros ne sont pas les hommes, mais les chevaux gigantesques, multicolores et furibonds.

L'œuvre d'Auburtin paraît être d'une plus indiscutable originalité : dans « le Fond de la mer », qu'il a peint pour l'amphithéâtre de la Sorbonne avec un parti pris de couleurs atténuées, il anime la transparence des eaux de toute l'étrangeté de la flore et de la faune sous-marines ; et nous avons les preuves irréfutables de sa conscience et de son exactitude scrupuleuse dans cette curieuse série d'études documentaires, faites aux laboratoires zoologiques du littoral et dignes du pinceau pittoresque et fidèle d'un artiste japonais.

C'est du plein-air que relèvent les peintres des vaisseaux et des marins de notre flotte de guerre, Couturier, Henri-Edmond Rudaux et, plusieurs maîtres de l'École Provençale, mais ces derniers forment un groupe spécial et nous en parlerons plus tard.

Le plein-air a ses peintres militaires ; et nous avons vu comment les historiens de nos soldats d'autrefois ou d'aujourd'hui ont con-

tribué, par leurs paysages exacts, animés de
figures réelles, à mener du classicisme académique au plein-air : rappelons-nous le
Waterloo de Flameng. Fouqueray est le fidèle
narrateur des glorieux désastres de notre marine, Trafalgar, Aboukir, l'héroïsme désespéré
du Vengeur, à demi voilés dans un brouillard
bleuâtre de poudre.

Le plein-air a ses peintres de monuments,
qui se plaisent à la notation subtile des
clartés fines : Rame dresse ses églises normandes dans une transparente atmosphère;
Gaston Bouy fait circuler l'air dans la nef
d'Angicourt, et les blancs rayons se
jouent sur les murs et les colonnes; Charles
Cesbron traduit avec un égal bonheur l'éclairage pâle d'un bas-côté de l'abbaye de Fécamp
et la lumineuse pénombre d'un cloître.

Marie-Charles Dulac s'était voué à l'étude patiente et fidèle de la Madeleine de Vézelay, la
gloire du Morvan. Et voici la vieille basilique
romane sous tous ses aspects : le portail apparaît, massif et somptueux; un bas-côté glisse le
long des colonnes géminées, zébré d'ombres
et de raies ensoleillées; la grande nef s'illu-

mine d'une lueur rose et dorée, comme d'un
sourire de joie céleste, et, dans la transparence
aérienne de la lumière tamisée, les piliers
puissants se dressent, encerclés de quatre
colonnes trapues, les arcs robustes s'arrondis-
sent dans leur majesté, les fenêtres étroites
trouent la muraille épaisse, et les larges
dalles se marbrent délicatement d'ombres
portées par les colonnes et de ronds lumineux
jaillis des fenêtres. Ce sont là les toiles maî-
tresses de ce peintre naïf et enthousiaste,
qui vient de mourir à trente-trois ans.

Il laisse des œuvres très diverses, car sa facture variait avec les sujets, et, plus soucieux de
traduire son idée que d'inventer une technique
nouvelle, négligeant même de dégager sa manière personnelle, d'affirmer son style propre,
il empruntait de tous côtés ses moyens d'expression. Il se rattache au plein-air dans
cette série de Vézelay, dans quelques vues
fluides et vaporeuses du lac Majeur, dominé
par le sommet d'un mont où se pose la lune,
et dans un panorama de la montagne d'Assise,
qui se détache sur une nappe lumineuse pro-
jetée d'entre les nuages. Dans d'autres sites

italiens au contraire, vallées d'Assise ou de
Subiaco, forêts de pins dressant leur silhouette
noire et raide sur le ciel bleu de Fiesole, paysages où serpente une rivière claire entre les
coteaux sombres, c'est avec une netteté et
une précision toutes classiques qu'il interprète
les lignes arrêtées et les formes plastiques de
la nature latine. Un canal près de Ravenne,
avec sa gaieté rose et bleue, un ciel d'apocalypse, avec son étrange feu d'artifice, touchent
à l'impressionisme. Enfin le pieux artiste, qui
fit partie du tiers ordre de saint François, a dû
un renom précoce à son symbolisme chrétien,
que célébra Huysmans, à ses lithographies
mystiques et suggestives du « Cantique des
créatures », à ses énigmatiques essais d'interprétation du Credo, chapelets d'étangs d'une
jaune terne, entourés d'une maigre bordure
de fleurs chétives et dormant dans le morne
silence d'une plaine mauve ou rouge brique.
Son œuvre composite relève donc de quatre
écoles différentes. Aurait-il, s'il eût vécu,
élevé son métier à la hauteur de sa foi? Sa
mort prématurée nous a-t-elle ravi notre Fra
Angelico?

# CHAPITRE V



Nous avons heureusement une autre peinture religieuse, qui ne le cède pas pour la profondeur du sentiment à ce mysticisme symbolique, mais qui a une tout autre valeur d'art. Les plein-airistes essayent de donner, en luministes savants et en réalistes convaincus, une interprétation nouvelle des scènes de l'Évangile.

Et, sans doute, le résultat est quelquefois étrange : l'Américain Gari Melchers, auquel nous devons tant d'œuvres sincères et hardies, d'un ferme dessin, d'une couleur audacieusement crue, d'un accent convaincu, — comme « la Puritaine » en robe blanche, austère et froide, « la Gardeuse de chèvres », revêtue d'un curieux caraco vert pomme, « le Marin et sa fiancée », lourds et béats, — a malheureu-

sement conçu d'extraordinaires « Pèlerins
d'Emmaüs », regrettable traduction ou plutôt
trahison de l'histoire sacrée, travestie en une
vulgaire anecdote moderne. La scène veut être
naïve et vraie, mais l'ahurissement du gros
homme chauve aux yeux écarquillés et le saisissement stupide de son compagnon efflanqué
à la vue de ce pauvre Christ minable n'atteignent qu'au burlesque : nouvelle preuve, involontairement donnée par un artiste de haute
valeur, de la difficulté peut-être insurmontable
que l'on éprouve à introduire la naturalisme
intransigeant dans ces scènes bibliques, au-
réolées par deux mille ans de rêves et par tant
de chefs-d'œuvre d'une idéale poésie ou d'un
réalisme modéré et noble.

Le Suisse Eugène Burnand est plus heureux dans ses « Apôtres courant au Sépulcre
à la nouvelle de la Résurrection » : Pierre,
vieux et grisonnant, Jean, jeune et brun, s'é-
lancent à perdre haleine vers le tombeau vide,
et leurs figures bouleversées, le mouvement
emporté de leur allure expriment avec force
la surprise, l'anxiété, la hâte de constater le
miracle. Le talent de ce consciencieux artiste

s'affirme davantage chaque année dans des genres très divers : grandes scènes historiques savamment reconstituées, fins et solides portraits, pastorales lumineuses dans une tonalité jaunâtre, et cette originale fantaisie du « Soir », personnifié par un vieillard mystérieux à barbe rousse, qui glisse à pas lents sur l'herbe de la prairie et ramène sous son ombre les hôtes du silence, fouines et renards.

C'est Dagnan-Bouveret qui nous a donné, avec sa « Cène » et ses « Pèlerins d'Emmaüs », les deux plus importants tableaux religieux de ces dernières années, et ce sont deux des œuvres capitales de la peinture contemporaine.

Dagnan ne se rattache pas directement à l'école du plein-air : c'est un indépendant, artiste raffiné et chercheur infatigable, qui fait son profit de toute la science ancienne comme de toutes les idées nouvelles, prenant son bien où il le trouve et combinant dans une personnelle et précieuse synthèse ces emprunts intelligents avec son génie propre. Il faut le placer à part et très haut : jeune encore, c'est déjà un maître entre les maîtres.

C'est un penseur et un poète : ses œuvres ont une âme, et il met le métier au service de l'idée ; mais c'est aussi un peintre, un vrai peintre, et l'un des plus savants et l'un des mieux doués : il joint au mérite rare d'un impeccable dessin le goût des belles harmonies colorées et un sens spécial de la lumière, et sa facture est admirable, légère et savoureuse, très pure et très riche. Il caresse d'une douce lumière ambrée des portraits incomparables de précision, de délicatesse, de fine analyse ; et l'on ne saurait y reprendre parfois que les carnations d'un brun jaunâtre trop uniforme. Mais quelle vie nerveuse et fine ! Rappelez-vous la charmante petite tête de son fils ! Et ces exquises figures de femmes, adorables modèles d'une élégance réservée et fière ! Il a dû sa célébrité à d'amusantes scènes de genre spirituellement observées, à des études d'un réalisme exact et d'un goût très sûr et surtout à ses pardons de Bretagne, qui atteignent à la perfection par la simplicité : c'est un art sincère, loyal et discret. Mais ce sont ses deux toiles religieuses qui ont fait de lui l'émule des plus grands maîtres.

Créateur inspiré, inquiet et ingénieux, original et savant, il renouvelle avec ferveur et noblesse les scènes sacrées, éclairant d'une lumière idéale des compositions où la foi profonde s'unit à l'accent le plus moderne. Il a osé, au nom des principes nouveaux d'un réalisme délicat et à l'aide des harmonies aériennes de la lumière blanche, affronter dans la « Cène » l'écrasant souvenir du Vinci, rivaliser avec l'œuvre divine qui affranchit la peinture des dernières entraves et annonça la fin de l'ère des Primitifs et l'ouverture de l'Age d'or; il a réussi à rendre la comparaison possible, et, quelques réserves que l'on puisse faire, quelques réflexions que suscite la redoutable rivalité, je ne sache point d'honneur plus grand pour un peintre.

Et, tout d'abord, on constate une évidente préoccupation de ne ressembler en aucun point à l'ancêtre illustre. Le moment n'est pas le même : le Christ du Vinci vient de prédire le crime qui se prépare : « L'un de vous me trahira »; le Christ de Dagnan institue le sacrement de l'Eucharistie : « Voici mon corps, voici mon sang »; et, par conséquent, au lieu

du saisissement et de l'indignation, c'est le
calme et le recueillement. Le décor n'est pas
le même : là de larges baies, ouvertes sur la
campagne, sur le fleuve, sur la ville lointaine
et sur la montagne, laissent librement pénétrer
le jour; ici la salle est close par un mur gris
où court une draperie grise tendue à hauteur
d'homme, et la lumière étrange qui l'éclaire
semble ne provenir que du corps rayonnant
du Christ; la table elle-même, au lieu d'être
droite, se prolonge en avant par deux bras en
équerre : tant le souci d'éviter toute apparence d'imitation éclate dans les moindres détails! Dans la Cène de Léonard, Jésus est
assis; navrés de la suprême douleur de la trahison annoncée, les apôtres s'agitent en tu-
multe, la moitié même sont debout, dressés
dans un sursaut de surprise ou de colère; ils
sont groupés trois par trois dans des poses
aussi naturelles que variées, et le groupe de
droite s'isole dans une discussion ardente. Le
Christ de Dagnan est debout, longue robe
blanche, grands yeux cernés, la main gauche
posée sur le pain et, de la droite, levant la
coupe pleine de vin, tache rouge qui brille

seule dans la tonalité blanche de l'ensemble :
les apôtres écoutent le Maître, recueillent en
silence les paroles sacrées, et tous sont assis
autour de la table dans une uniformité paisible,
sur laquelle tranche seul, d'un geste farouche,
un apôtre noir à mine de prophète.

Quelques remarques s'imposent : je ne m'at-
tarderai pas, — on a trop insisté sur ce détail,
— à l'ombre incompréhensible portée sur
le mur par le corps lumineux du Christ ;
il semble bien qu'elle soit là, cette ombre
tant honnie, pour servir de repoussoir à la
clarté divine, et ce n'est assurément pas une
raison valable pour un physicien, mais il se
pourrait qu'elle fût suffisante pour un peintre.
Parlons des personnages eux-mêmes : ici et
là, sans doute, les apôtres diffèrent les uns des
autres, mais là c'est plutôt par l'expression
des sentiments, et c'est plutôt ici par les types
variés. Cette recherche de types divers a
amené Dagnan à grouper des figures disparates qui ne nous semblent pas pouvoir appar-
tenir au même siècle ni au même pays, un
jeune Parisien près d'un modèle italien, une
face de campagnard près d'une tête de style

académique; et cela évidemment par excès de conscience : il ne se croit pas le droit d'accommoder le réel aux convenances de son dessein. Ces figures qu'il a choisies dans son entourage, faute de mieux peut-être, comme les moins impropres à donner un corps à son idée, il se refuse, par une sorte d'inflexible rigorisme de réaliste, à les modifier de son chef, à corriger leurs lignes, à altérer leur caractère, et il les fait revivre telles quelles sur la toile. Mais pourquoi tant de jeunes, de trop jeunes apôtres? J'en compte jusqu'à six, tandis que je n'en trouve que trois chez Léonard; c'est amoindrir inutilement la gravité de la scène : l'adolescent ne peut être ici qu'une exception. J'aime peu ce Judas, paysan stupide et sournois, au regard vague, et ce saint Jean, sérieux et froid, qui porte sa main à sa tête d'un air inspiré. Combien plus touchant, le saint Jean du Vinci, doux agneau douloureux et résigné! Et combien plus sinistre, le Judas, ce profil terrible, au nez crochu, au front ridé, aux lèvres menaçantes, jetant sur le Christ ce sombre regard, surpris et furieux de se voir dénoncé!

Le saint Jean trop solennel et le farouche prophète noir mettent dans le tableau de Dagnan une note théâtrale : elle s'accorde médiocrement avec la pose négligée de l'apôtre qui s'allonge sur la table, appuyé sur son coude et tourné vers Jésus, avec l'attitude calme et paisiblement attentive des autres, avec l'indifférence même de l'un d'entre eux, le petit adolescent de gauche. On sent donc dans la composition de la recherche et de l'effort, et, tout en n'ayant pas la diversité de l'œuvre du Vinci, elle n'en a pas l'unité.

Mais cette unité, elle la trouve pourtant dans l'éclairage exceptionnel et impressionnant; au lieu de l'harmonie colorée du chef-d'œuvre italien, c'est ici une harmonie lumineuse : c'est la lumière qui règne sur cette toile, et, dans cette salle obscure et close, de ces effluves miraculeux se dégage un frisson sacré. La Cène Léonardesque est plus puissante : la voici, avec Dagnan, plus mystérieuse, plus surnaturelle; et les deux grandes œuvres apparaissent comme les symboles des deux siècles : le premier intimement nourri de l'histoire sacrée, qui lui paraît familière et comme prochaine et qui offre au peintre, épris des belles réalités, des scènes d'un caractère plus noble que ne pourrait le faire l'histoire profane, mais d'une vie aussi intense; le second anxieux et tourmenté, où l'artiste aperçoit moins désormais le fait historique dans un solide milieu de vie réelle que le miracle dans une auréole de rêve et de poésie.

Il en est de même pour « les Pèlerins d'Emmaüs » : nous y trouvons bien moins une interprétation vraisemblable, une traduction plastique du récit de l'Évangile qu'un acte de foi et une prière. Assis à table, face aux spectateurs, le Christ en robe blanche ouvre les bras d'un geste auguste, en rompant le pain; sa figure se détache sur le paysage du fond, plaine et coteaux, qu'on aperçoit par un large entre-colonne, et le rayonnement doré de l'atmosphère ensoleillée se confond avec la mystérieuse lumière qui émane de sa tête divine et de sa longue chevelure rousse. Le disciple de gauche, revêtu d'une tunique d'un vert sombre, joint les mains en reconnaissant le Maître qui se révèle, tandis que celui de droite, plus jeune, vêtu de bleu, a déjà re-

poussé sa chaise et s'est précipité, un genou
en terre, aux pieds du Christ qu'il contemple
avec confiance et amour.

Une servante s'avançait en robe blanche et
la tête encapuchonnée de blanc : elle s'arrête,
et ses yeux élargis de surprise témoignent
son saisissement devant l'éclat soudain de la
lueur surhumaine. A droite de la toile, le
peintre s'est représenté lui-même, méditant
sur la scène miraculeuse, que sa femme et son
fils adorent à genoux; et ces trois figures sont
admirables de justesse, de noblesse et de profondeur de sentiment : heureux souvenir des
maîtres anciens, qui se plaisaient à joindre
des portraits de personnages vivants à leurs
tableaux de sainteté, comme, par exemple,
tout le groupe mouvementé et somptueux
mêlé par Véronèse précisément à ses « Pèlerins d'Emmaüs ».

Mais Dagnan a modifié la tradition : dans
« les Pèlerins » de Rembrandt, du Titien ou
de Véronèse, le Christ commence à peine à se
révéler; ni les comparses de la scène ne se
doutent du miracle, ni les personnages juxtaposés ne prennent part à l'action, et leur in-

différence sert à faire ressortir plus vivement l'émotion naissante des pèlerins devant le mystère soupçonné. Ici la présence divine éclate dans un extraordinaire rayonnement, les disciples sont en extase et la servante d'une part, de l'autre le peintre et les siens aperçoivent la vision éblouissante : l'intérêt, au lieu de se concentrer, s'éparpille. J'ajouterai que je retrouve entre les deux disciples le contraste que je regrettais entre les apôtres de la Cène : l'un, figure classique et conventionnelle avec ses traits réguliers et ses longs cheveux, l'autre, tête toute moderne de jeune homme à cheveux courts; on dirait ici d'une étude réfléchie, faite de souvenirs, et là d'un portrait de contemporain, et leur improbable réunion enlève au tableau un peu de son unité et de sa vraisemblance. Simples chicanes d'ailleurs, ou plutôt simples questions posées à l'un de nos plus nobles artistes, assez grand pour mériter la critique, assez sincère pour l'accepter. Elles n'ont plus de sens, du reste, si nous ne voyons pas ici un tableau d'histoire sacrée, mais, je le répète, une sorte de prière, d'acte de foi, d'extase, exprimés par la beauté des lignes, magnifiés par la splendeur de la lumière.

Indépendant, mais unissant l'idéalisme au réalisme, la composition réfléchie à la lumière nouvelle, Dagnan-Bouveret relie le plein-air à l'École classique : précieux exemple d'un éclectisme savant et ingénieux, mis au service d'une sensibilité très personnelle et d'une haute imagination créatrice.

# CHAPITRE VI



Les peintres que nous avons nommés jusqu'ici sont des réformateurs avisés et judicieux : ils ont nettoyé la palette du bitume qui l'endeuillait et proclamé les droits de la lumière claire ; ils ont placé au premier rang de leurs préoccupations le souci de l'enveloppe aérienne, mais ils n'ont pas banni la couleur, et leur programme était tellement légitime qu'il s'est imposé en grande partie à l'École officielle elle-même. La plupart des maîtres classiques, sinon les plus âgés, du moins ceux de la seconde génération, ont accepté les clartés nouvelles et tendent la main à ceux des plein-airistes qui n'ont pas oublié la science du dessin et de la composition et qui ne sont pas insensibles aux joies de la couleur. Bastien-Lepage a beaucoup moins fondé une école dissidente que réveillé l'École Française qui sommeillait et montré à tous, classiques rajeunis ou novateurs modérés, la route retrouvée de la vérité et de la vie.

Mais les intransigeants du plein-air exagèrent le système et l'exclusivisme apparaît; ils ne veulent plus, comme les précédents, être à la fois coloristes et luministes : leur choix est fait, et ils n'acceptent pas de compromis. Nous avons vu les Impressionnistes ultras, occupés uniquement des couleurs éclatantes, réduire au minimum le dessin et le modelé; voici que ces ultra-luministes répudient la couleur, intéressés seulement par l'analyse de la lumière blanche ou grise et la subtilité des caresses aériennes.

Et quelques-uns arrivent, par la justesse de leur œil et la délicatesse de leur touche, à de précieux effets, à de mélodieux concerts de nuances pâlies, infiniment atténuées. Guillaume Roger, qui nous donnait de capricieuses fantaisies, comme son triptyque du « Baiser », blanc Pierrot et fée mignonne, inconsistantes images d'une grâce toute banvillesque, s'est converti à un style plus grave et à un coloris plus riche et plus sombre pour ses fortes études bretonnes. Mais voyez les moutons et les pommiers de l'Anglais Harry Thompson, d'une notation spirituellement sincère; les clartés fines de Guiguet, surtout sa « Jeune fille aux oiseaux »; les femmes et les gamins hollandais de l'Américain Mac Ewen; les aimables paysanneries de l'Américain Sprague Pearce; les délicates figurines du Portugais Souza Pinto et de son élève, M^{me} de Bigot; les scènes intimes et les portraits d'une Suédoise, M^{me} Anna Nordgren; les jeunes femmes rêveuses et les poétiques têtes de jeunes filles de l'Américain Dickson, qui ont le charme froid et doux des gravures de keepsake. Subtiles harmonies et périlleuses prouesses ! Il y faut bien du talent pour ne pas tomber dans une indécision et un flou, qui ne nous offrent plus que d'improbables fantômes, ou, tout au moins, pour éviter un morne cachet de monotonie, de pauvreté et de tristesse.

On peut aussi se demander si cette manière aérienne, qui donne à des silhouettes de femmes et d'enfants une délicatesse immatérielle, peut convenir à des portraits d'hommes.

Il nous semble que les grises effigies de Léopold Stevens, qui sont d'ailleurs d'un dessin alerte et spirituel, manquent de consistance, quand il s'agit de traduire la virilité robuste de Richepin, gymnaste et touranien, ou la raillerie sonore de Courteline. Je ne vois que des ombres qui ont perdu leurs corps, et ce sont là des corps trop réels et d'une trop solide matière pour n'en donner que de pâles reflets : si le « Hanotaux » de Benjamin Constant est poussé au noir avec un redoutable excès, Stevens nous volatilise vraiment trop son « Richepin ».

Les portraits de l'Américain Hamilton sont plus pâlis encore et plus atténués. Et cela n'allait pas trop mal pour Gladstone, parce qu'il était très vieux, parce que la fenêtre ouverte sur le parc expliquait suffisamment l'éclairage diffus et que, l'image du grand vieillard nous faisant rêver à tout un siècle disparu, il ne nous déplaisait pas d'avoir devant les yeux une figure de rêve. Mais, dans ce blanc et paisible fantôme, je me refuse à reconnaître Rochefort : jamais facture ne fut moins appropriée au sujet, et, ce qu'il nous fallait ici, c'était l'audace impétueuse d'un impressionniste virulent. Quant au profil de Raffaëlli, acceptons-le, sinon comme un portrait du peintre, du moins comme un symbole de sa peinture.

On sait que c'est Raffaëlli en effet qui a poussé à l'extrême les principes du plein-air; il ne connaît plus qu'une couleur, le blanc : il est le prince de la céruse, dont abusent ses émules, si Bonnat est le roi de ce bitume, que les novateurs reprochent tant à l'École officielle. Les qualités singulières de cet artiste spirituel et raffiné expliquent, mieux que ne pourrait le faire l'exclusivisme étroit de ses théories, ses succès retentissants et l'engouement qu'il provoqua : il joue parfois d'étonnantes symphonies de blancs, suaves et fines, comme le frais portrait de sa fille; ses bouquets de fleurs sont d'une irréelle légèreté; ses petites scènes de genre ont une verve primesautière et un indéniable humour. Nul n'était plus capable d'entraîner sur une route dangereuse le public, conquis par son habileté et son joyeux entrain, et les jeunes peintres, séduits par ses témérités imprévues. Peintres

et public étaient las de la vieille orthodoxie :
ils furent ravis de la malicieuse audace de cet
hérétique. On alla jusqu'à le croire réaliste !
Le naturalisme de ses sujets ordinaires, sa
prédilection pour d'humbles héros, petits bourgeois et ouvriers, chemineaux, mendiants,
pauvres diables amaigris et loqueteux, fit illusion sur son parti pris fantaisiste de décoloration : on ne s'aperçut pas tout d'abord qu'il
ne faisait qu'opposer une convention à une
autre et qu'il voyait blafard ce que les autres
voyaient enfumé.

Il est bon d'alléger les toiles de l'inutile
patine qu'une tradition d'atelier leur imposa
trop longtemps ; mais pense-t-on être plus
près de la nature et de la vérité en pros-
crivant sans merci les fines vibrations violettes ou mauves, vertes ou dorées, les délicates clartés rosées ou bleuâtres et jusqu'aux
transparences perlées et à la douceur grise
qui font le charme subtil de nos ciels les plus
pâles et de nos plus ternes journées ? Privées
de tout rayonnement, les petites toiles de
Raffaëlli, simples pochades d'ailleurs le plus
souvent, ses scènes populaires et ses vues de

Paris, — personnages et monuments qui semblent crayonnés au charbon sur un mur blanchi
à la craie, — ne sont plus que des visions
d'un monde spectral et décoloré.

C'est donc aux mêmes outrances qu'abou-
tissent avec lui les paysages et les scènes réalistes. Et, pour les premiers surtout, le résultat
était logique : nous avons vu le paysage classique éclairer peu à peu sa palette, alléger ses
tonalités, accepter, si même elles ne lui sont
pas dues en grande partie, les idées nouvelles
et se relier sans hiatus aux œuvres plein-airistes d'où la couleur n'est pas bannie; nous
avons noté les audaces, les succès, les violences de l'impressionnisme; nous connaissons la grâce originale et le charme parfois
éclatant et joyeux des œuvres séduisantes qui
rattachent l'impressionnisme au plein-air. Le
souci de l'enveloppe aérienne, l'ambition d'exprimer l'atmosphère et la lumière véritable
se sont si naturellement imposés à tous les
genres de paysages ou, pour mieux dire, sont
nés si logiquement des études en pleins
champs des paysagistes de toute école, qu'ils
ne pouvaient être l'apanage exclusif, le mono-

pole intangible et jaloux d'un groupe particulier.

Il ne restait donc aux plein-airistes intolérants de la stricte observance, s'ils voulaient faire bande à part et garder à leurs impressions rustiques un cachet spécial, que le domaine trop restreint des nuances éteintes et des sonorités mourantes. Nous avons vu pourtant que quelques-uns, Karbowski, Clary, Roll dans ses rapides et vaporeuses notations, ont su produire de frêles harmonies, toutes de délicatesse et de légèreté. Malheureusement l'écueil était proche, et le paysage plein-airiste devait tomber bientôt, lui aussi, dans la décoloration maladive, dans les pâleurs expirantes : il saisit l'air et ses transparences, mais au prix de tout le reste. Cette atmosphère si passionnément analysée n'enveloppe plus que de vaines apparences; les formes impalpables se dissolvent et s'évanouissent, l'anémie triomphe, la peinture exsangue va périr de langueur : elle avait la fièvre et le delirium tremens avec les impressionnistes exaspérés, la voici poitrinaire avec les plein-airistes déliquescents.

On put craindre naguère le triomphe de ces
Jacobins de la céruse : la mode s'en mêlant,
le péril blanc s'aggravait tous les jours; les
conversions ne se comptaient plus, et il ne
manquait pas de prophètes de malheur pour
prédire la proscription définitive de la couleur
et la fin prochaine de notre peinture. Allait-
elle mourir de consomption?

# VI

# L'IDÉALISME TRANSCENDANT

---

## CHAPITRE PREMIER

PUVIS DE CHAVANNES ET LES PUVISISTES

Le danger semblait d'autant plus grave que c'est à la même anémie que menaient, par des chemins différents, deux écoles, deux groupes plutôt, hautement idéalistes l'un et l'autre, aussi distants du plein-air que de l'École classique, le puvisisme et le pointillisme.

On sait quelle place à part tient Puvis de Chavannes dans l'art d'aujourd'hui : je ne dirai pas que ce fût le seul, mais c'était le plus célèbre et le plus convaincu des rares artistes qui visent au grand. Il vient de mourir en pleine gloire : vivant, il s'est vu décerner l'apothéose, et les étrangers ont joint leurs voix aux nôtres pour acclamer le Maître illustre.

Et pourtant avec quelle malveillante ironie, avec quels sarcasmes même n'avait-on pas accueilli ses premières audaces! Il persévéra, il l'emporta de haute lutte, entraînant les indécis, convertissant les incrédules. Quand son triomphe fut complet, on exagéra l'admiration comme on avait exagéré la critique : honni la veille, déifié le lendemain. Les plus violents détracteurs devinrent les plus enthousiastes panégyristes, mais, passant d'un extrême à l'autre, ils ne changeaient guère : injustes pour Puvis tout d'abord, ils furent ensuite injustes pour les autres à cause de Puvis. Ne voyons-nous pas ceux-là mêmes qui naguère se déchaînaient contre Wagner lui sacrifier aujourd'hui d'un cœur léger et Mozart et Beethoven? Vogues dangereuses, où le snobisme décide la conviction et l'accentue sans mesure! Ce fanatisme aveugle compromet ce qu'il admire, et c'est rendre un mauvais service à un artiste d'immoler sur ses

autels ses rivaux de gloire : la mémoire
d'Hugo n'eut jamais subi, aussitôt après sa
mort, un déchet inique et heureusement mo-
mentané, si l'on n'avait pas agacé l'opinion en
le proclamant avec un tel fracas le seul, l'u-
nique, l'incomparable, aux dépens de Lamar-
tine, de Musset et de Vigny. Nier Puvis était
une sottise, n'admettre que Puvis est une singulière étroitesse, et, si l'on n'y prenait garde,
le dieu pourrait bien pâtir de la maladresse
des fidèles. Il est nécessaire de faire justice
d'une admiration exclusive qui serait la négation dédaigneuse de tout le reste : cette gloire
française, ce n'est pas au détriment des
autres, c'est à côté des autres qu'il convient
de la célébrer.

Non, il n'est pas vrai que Puvis soit, à lui
seul, toute notre peinture, il n'est pas vrai
qu'il soit le maître parfait, sans reproche et
sans rival. Devant son œuvre extraordinaire, il
faut sans doute prononcer le mot de génie;
mais ce génie est-il servi par un talent égal?
A vrai dire, son métier semble parfois trop
défectueux; l'indigence du dessin et de la couleur apparaît trop crûment dans ses tableaux

de chevalet, heureusement rares. Le « Supplice de saint Jean Baptiste » semble un essai
naïf et maladroit d'un des plus vieux quattrocentistes. Pourquoi ramener l'art, après quatre
ou cinq siècles aux balbutiements de son enfance? Dans « le Pauvre Pêcheur », l'émotion
qui se dégage de l'humble figure de l'homme,
minable et résigné, et de la tonalité grise et
morne de l'ensemble, ne peut faire oublier
les formes tristement insuffisantes de la femme
et de l'enfant.

Mais ces petites toiles ne sont que des
exceptions; son œuvre véritable, ce sont les
grandes compositions : c'est ici qu'il est supérieur. Parfois pourtant il ne laisse pas de nous
inspirer certains regrets : nous étions sous le
charme, et voici qu'il se rencontre quelque
maladresse, inconsciente ou voulue, qui gâte
un peu notre joie, quelque geste raide, angu-
leux, déplaisant, quelque personnage mal venu
ou bien encore un morceau d'allure académique et guindée où l'effort se fait sentir.
Quelquefois aussi d'une simplification outrée
résulte une sorte d'état rudimentaire, l'atténuation des teintes s'anémie dans une déco-

loration attristée : au lieu du paradis rêvé, ce
sont les limbes; et l'on pourrait dire , sans
trop exagérer, qu'il a banni de quelques-unes
de ses œuvres le modelé, la couleur et la lumière, les réduisant aux vaines apparences
d'un songe glacé. Et pourtant il ne fut pas
toujours l'ennemi des chaudes tonalités : le
musée de Marseille nous le montre beau coloriste dans les deux grands panneaux de l'escalier d'honneur, « Marseille colonie grecque »
et « Marseille porte de l'Orient ». Mais voyez
sa dernière création, qui continue la série
célèbre du Panthéon, « Sainte Geneviève veillant sur Paris endormi ». C'est un profil
simplifié de vieille femme, regardant d'une
terrasse dallée, que décore insuffisamment un
pot de fleurs, les toits trop propres et trop
lisses de la ville nocturne ; là-bas la lune d'argent du ciel pâle se mire dans l'eau pâle du
fleuve au pied de collines imprécises : vaste
scène un peu sommaire et un peu nue, malgré
l'impression profonde de silence et de paix ;
on a froid près de cette grande toile. C'est que
l'Histoire, trop concrète et trop objective,
n'est pas le vrai domaine de Puvis : nous lui

demanderons beaucoup moins des formes solides, expressives de la Vie, que des thèmes
symboliques, évocateurs du Rêve.

Ces réserves s'imposaient dans l'intérêt
même de sa renommée : c'était compromettre
sa gloire qu'accepter son œuvre en bloc ; et
nous sommes à l'aise maintenant pour l'admirer là où il est vraiment admirable et pour
essayer, après tant d'autres, de définir son
génie en nous plaçant devant ses chefs-
d'œuvre.

Les lacunes mêmes de son talent contribuent à l'isoler et presque à le grandir. C'est
un philosophe et un poète, et sa pensée est
très haute et très pure : il veut la traduire
de la façon la plus immatérielle possible et
atteindre au sublime par la simplicité. Il a le
sens des larges décorations, où la beauté de
l'idée s'exprime par quelques belles lignes,
rares et irréprochables, et par l'harmonie
infiniment délicate et douce de quelques teintes
pâlies : idéaliste intransigeant, qui ne se ré-
signe qu'au minimum des moyens sensibles
pour indiquer, sans l'alourdir, sa vision inté-
rieure ; noble artiste, qui veut élever nos âmes

au ciel de la beauté pure et n'accorde presque
rien à nos sens. Il a ressuscité l'art, cher aux
primitifs Italiens, des grandes peintures monu-
mentales, s'unissant à l'architecture dans un
accord parfait; ses qualités et ses défauts le
servent également dans ces œuvres faites pour
être vues à distance : ici le détail disparaît et
l'impression générale importe seule.

Puvis demande aux figures humaines de
contribuer à la beauté de l'ensemble, et il
apparaît surtout comme un paysagiste, mais
d'un genre, il est vrai, unique et prestigieux :
pour lui le paysage n'est qu'un moyen de for-
muler une conception de l'esprit. Et ce sont
d'extraordinaires créations d'un monde supérieur et comme suprasensible de noblesse et
de paix : des sites se déroulent, de grands
pays muets sous des ciels en fleur, et comme
une vision des Champs-Élysées, où l'air est
plus léger et la lumière plus claire, bois sacrés
interdits aux profanes, terre bénie où la violence et le bruit sont inconnus, où des hommes
sages et calmes mènent une belle vie, heureuse et douce, presque divine. Et voici la
Grèce, les îles fortunées, les montagnes de

marbre blanc qui se dressent entre les deux
azurs de la mer transparente et du ciel limpide :

« Et le front chevelu du Pélion changeant
Et le bleu Titarèse et le golfe d'argent
Qui montre dans ses eaux, où le cygne se mire,
La blanche Oloossone à la blanche Camire. »

Des formes de femmes, mortelles ou déesses, animent cette nature radieuse ; et les lignes
très pures de leurs chastes nudités, la grâce
de leurs gestes très simples, la souple élégance d'un bras qui se lève pour nouer une
chevelure blonde s'unissent intimement avec
le paysage dans une incomparable harmonie :
c'est beau comme un dialogue de Platon.

Si Puvis est si grand, c'est que la beauté
de son œuvre, oublieuse des habiletés, des
complications, des mensonges du métier, n'est
que le rayonnement d'une intime beauté morale et comme l'expression plastique d'une
philosophie. Ce n'est presque plus de l'art, ou
du moins ce n'en est plus que l'essence intellectuelle, dégagée, jusqu'au miracle, de tout
alliage, émanation d'une âme très haute, qui

se révèle dans sa sincérité, sa noblesse et sa
poésie.

On comprend combien est périlleuse l'imitation d'un pareil maître : le talent livre ses
secrets, pour ne pas dire ses recettes, mais
le génie! Et surtout le génie dédaigneux des
habiletés et des adresses! Ses disciples, ex-
cités par son exemple, rêvent de grandes compositions très nobles et ne nous donnent que
des académies dignes d'élèves de Guérin, qui
auraient renoncé au dessin solide du maître,
ou de vastes tableaux aux architectures consciencieuses, aux personnages d'une gaucherie
de primitifs, figés dans un geste raide. Les toiles
symboliques et monochromes de Koos ne sont
que des camaïeux éplorés. D'autres enfin, entraînés par l'horreur du réel, n'admettent plus
que des ombres inconsistantes dans une ambiance de songe, comme Destrem, qui, dans
cet évanouissement des formes et des couleurs, garde pourtant le sens des belles lignes.

Mieux inspirés, quelques-uns ont compris
l'impression de charme poétique, de pureté et
de noblesse immatérielles qui pouvait émaner

de petites figures, dont les poses heureusement choisies et les contours délicats, indiqués d'un trait rapide, s'harmoniseraient avec un paysage très simplifié. Les silhouettes féminines d'Osbert, qui se détachent, blanches et chastes, sur l'horizon bleu, ont une grâce calme d'images antiques : décor d'un vase étrusque ou peut-être frise d'un temple gréco-égyptien? Les frêles élégies d'Alexandre Séon, « l'Abandonnée », étendue sur un rocher au bord de la mer immobile, « la Mélancolie », appuyée contre un arbre dans la forêt muette, nous montrent moins des corps qu'elles ne nous laissent deviner des âmes sous ces tuniques légères dans ces sites vagues.

On sait que Puvis était de Lyon; Lyonnais aussi Séon et Koos : la ville du mysticisme n'a pas oublié ses traditions. Pour trouver une autre école aussi résolument idéaliste, il faudrait, des brouillards du Rhône et de la Saône, aller jusqu'aux brouillards de la Tamise. Aucun des Préraphaélites anglais, pas même le fameux Burne Jones, ne peut s'égaler à **Puvis**; mais ils sont nombreux et l'on nommerait facilement parmi eux une dizaine de maîtres

célèbres, rivaux de gloire, tandis que Puvis
est un isolé : il n'a pas d'émule digne de lui.
A peine avons-nous pu citer deux ou trois artistes qui s'inspirent avec succès de ses exemples ; les autres ne comptent pas, leurs essais
lamentables ne nous offrent plus que de vagues
larves sans couleur et sans vie : chlorose,
anémie, formes navrées et spectres exsan-
gues, — le néant. Voilà où ce grand Puvis
mène ses imitateurs fanatiques. Michel-Ange,
lui, avait conduit les siens à une débauche
furieuse de musculature exagérée, et leurs
héros étaient devenus des Hercules de foire,
contorsionnés pour d'invraisemblables tours
de force : il est dangereux d'endosser l'ar-
mure d'Achille.

# CHAPITRE II



Comme Puvis, les pointillistes travaillent à l'écart, aussi loin des réalistes, qui se bornent à consigner le fait observé, que des classiques, qui veulent construire fortement leurs œuvres avec des lignes décisives et des pâtes solides. Ce sont, eux aussi, des rêveurs, ce sont des poètes qui se plaisent à laisser les formes flottantes, et indécises les couleurs, en jetant sur leurs toiles le voile aérien, le lacis tremblotant de leur gaze pointillée, et ils se souviennent de Diaz.

Fantin-Latour enveloppe du mystère d'un impalpable réseau les draperies bleutées et les corps élégants de ses déesses et de ses nymphes : visions fugitives, Olympe de grâce et de fantaisie, idylles héroïques, songes harmonieux d'une nuit d'été, où passe un souffle corrégien! Un nuage pommelé plane dans l'azur pâli, et c'est la couche légère où repose la Nuit indolente et douce. Dans la féerie vaporeuse du clair de lune, les pelouses d'un parc brillent, argentines, entre les ombres vagues des taillis, et la blanche caresse d'un rayon effleure le contour délicat d'une jeune épaule et glisse le long d'un bras nu. Le rythme souple des lignes ondule dans l'indécision de l'enveloppe, comme une mélodie très pure se dessine, moelleusement bercée par un accompagnement discret : cette peinture est sœur de la musique, et l'on ne saurait s'étonner que le charmant maître ait consacré à la gloire de Berlioz toute une suite fameuse de lithographies, où le noir et le blanc chantent de fières et suaves symphonies.

Ce grand artiste a d'aimables émules : Ridel estompe dans une grisaille perlée de souriantes images d'une coquetterie capricieuse de mousmés ou des Parisiennes en claires toilettes assises sur l'herbe dans un site automnal au bord d'un lac tranquille. Vidal modèle avec des tons habilement hachés des études féminines d'une morbidesse veloutée et d'une câline séduction, juvéniles figures de tendresse et de naïveté : et, si parfois il incline vers une joliesse un peu mièvre, parfois aussi il atteint à une élégante étrangeté et à un énigmatique attrait.

Cette facture fragmentée s'accentue curieusement chez Henri Martin : il juxtapose, d'une touche saccadée, ses petits traits, ses petites virgules, voisines, mais isolées, pour alléger la couleur ainsi morcelée et la faire vibrer d'une plus fine et plus intime lumière. Le procédé est contestable, moins, il est vrai, dans les allégories que dans les tableaux d'histoire, parce qu'il donne impartialement la même inconsistance aux personnages et au sol, aux rochers, aux arbres, dont la solidité ferait mieux ressortir la légèreté fluide des figures. On peut répondre que l'œuvre tout entière échappe ainsi au réel, se dégage de la matière et s'envole en plein lyrisme; mais, en ce cas, pourquoi nous affliger trop souvent par de laides et ingrates figures, qui troublent brusquement le songe par leurs rappels malencontreux à la plus désagréable réalité?

Quand Henri Martin évite ce travers re-

grettable, quand aucune note choquante ne
dépare l'harmonie générale, il arrive à de
suaves effets d'un charme tout virgilien :
Clémence Isaure apparaît aux poètes toulou-
sains dans une forêt le long du fleuve; la Ga-
ronne coule claire et paisible, une clairière
s'ouvre entre les arbres verts qui se pressent
en futaie, minces et réguliers; à l'horizon se
dressent les tours et les flèches de la grande
ville; et les troubadours, vêtus de la robe
rouge à capuchon du Dante, contemplent
extasiés la protectrice des jeux floraux et les
trois muses qui l'accompagnent, visions aériennes d'une grâce naïve d'images de missels.

L'originale personnalité d'Henri Martin,
son goût décoratif, son sentiment poétique,
son idéalisme délicat sauraient au besoin s'affirmer sans recourir à ce style d'exception, à
ces formes flottantes, à cette naïveté précieuse
et savante, à cet hiératisme raffiné : c'est avec
les procédés ordinaires qu'il a modelé ces
deux délicieuses figures d'enfants, — robes
blanches et chevelures blondes, relevées de la
note noire d'un ruban de velours, — dont la

fraîcheur liliale s'enlève dans une candide harmonie sur le fond clair.

C'est une muse aussi, promenant son rêve mélancolique dans un bois silencieux, que Laurent voile de la vague tristesse d'une brume d'un gris-bleuâtre ; et, sous cette même enveloppe vaporeuse, ses portraits de jeunes femmes acquièrent une délicatesse subtile. L'Anglais Soord traduit aussi bien, avec ce pointillé, le scintillement de « l'Heure d'or » que la démarche d'hallucinée de sa « Somnambule ». Près de ces peintres se range le dessinateur Charles Angrand avec ses jeunes mères et ses enfants, blanches formes doucement apparues entre les ombres que nuance habilement le réseau des points noirs plus ou moins espacés.

Le procédé, modéré par le goût des lignes solides et des plans nettement tracés, donne aux sites de Bréhat, village ou lande, de Dabadie, un accent original et un éclat lumineux. Plus marqué chez Chudant, il fait flotter ses paysages, son « Jet d'eau », par exemple, dans une vacillante incertitude. L'Américain Childe Hassam l'exagère dans ses villages bretons qui papillotent étrangement. Cadel lui demande parfois de bleuâtres pénombres crépusculaires, comme dans son « Bon Samaritain » ou sa « Barque »; parfois aussi il l'exaspère, il le déchaîne en bizarreries multicolores. Il relie donc ces pointillistes aux pointillistes de l'avant-garde révolutionnaire, c'est-à-dire, qu'il hésite entre deux tendances différentes et même opposées, car les deux groupes n'ont de commun que le nom et une analogie de moyens plus apparente que réelle : les uns, enfants perdus de l'Impressionnisme, se ruent à une débauche carnavalesque de confetti et étalent, comme un défi, ces bariolages, quelquefois amusants, souvent agaçants, toujours criards ; les autres demandent à un harmonieux semis de points délicats une discrète atténuation des contours et des couleurs, un charme romantique de songe et de mystère.

A côté des pointillistes, les nuagistes. L'art de Raphaël Collin est fait d'élégance et de grâce : tantôt il se plaît au concert mélodieux des blancheurs rosées d'un jeune corps de femme, et de la verdure tendre d'une prairie où flotte une buée blonde; tantôt

il baigne dans une pâle clarté de sveltes et
printanières figurines d'une sobre distinction;
tantôt enfin il atténue dans la lumière adoucie
d'une poussière dorée de légères allégories,
comme le vol ardent et chaste des « Harmonies inspiratrices » vers le jeune poète qui
médite, brune et maigre figure, front pensif,
longue robe blanche, sous les frais ombrages
du bosquet sacré.

Deux charmants artistes, Armand Berton
et Étienne Tournès disposent avec esprit dans
une brume caressante leurs jolies scènes d'intérieur, assouplissent les lignes et modulent
les fines valeurs de leurs nudités féminines;
et quels bijoux coquettement ciselés que les
minuscules natures mortes de Tournès!

D'une nuée transparente sortent les fleurs
exquises d'Henri Dumont et de Mlle Lisbeth
Carrière, — fleurs de rêve aux vaporeuses
corolles, — et les mignonnes figures enfantines des pastels du peintre-sculpteur Bour-
delle.

Les paysages de Pierre Lagarde ont une
frissonnante légèreté dans l'indécision flottante de leur atmosphère pailletée. Et c'est à

leur enveloppe de bruine grisâtre que les
œuvres de Duhem, le noble peintre de
Douai, et de M^me Marie Duhem doivent leur
attrait suggestif et leur pénétrante mélancolie : paysages Flamands, scènes paisibles et
recueillies de la vie provinciale, douceur silencieuse, évocation discrète du passé, charme
somnolent de notre petite Bruges française,
morne canal aux eaux stagnantes, places
désertes où l'herbe pousse, maisons closes,
humbles jardins, porches d'églises où glissent
dans le crépuscule les ombres incertaines des
fidèles. Curieuses et séduisantes tentatives
pour donner à la peinture les harmonies indé-
finies, l'illimité des vagues mélodies, pour lui
ouvrir le domaine du rêve imprécis, que la
poésie doit à Verlaine et que l'on croyait
naguère encore réservé à la seule musique et
fermé à tout jamais aux arts plastiques.

Il est pourtant une limite, et Le Sidaner la
franchit, quand il ne nous offre plus que des
évanouissements de fantômes dans une décoloration nébuleuse. On ne saurait pourtant
garder rancune de ces singulières fantaisies à
cet artiste ingénieux et subtil, qui témoigne

un goût affiné de la couleur dans ses rangées
de maisons, dont les ombres transparentes du
soir estompent l'amusante polychromie : il
échantillonne de tous les tons de la palette,
dans une chaude brume où se jouent les derniers rayons du soleil couchant, les façades
flamandes et les pignons à redans, dont les
canaux miroitants reflètent la vacillante
image; puis, dans la ville endormie, il émaille
étrangement les vieilles murailles, comme de
froides et magiques lueurs, de la clarté argentine et bleuâtre de la lune.

Mais, comme il faut à toute école son
logicien extrême, son jacobin intransigeant,
voici Carrière, qui transforme l'aimable brume
de Berton et de Duhem en un nuage opaque
et jaunâtre, au travers duquel on voit bien
quelque chose, mais sans discerner nettement. Si cela s'appelait « Le brouillard à
Londres », ce serait, sinon esthétique, du
moins vraisemblable; mais, quand ce bain de
vapeur a la prétention d'être un « Théâtre populaire » ou bien encore une « Vue de Paris
des hauteurs de Belleville », on se demande,
les yeux enfumés, ce que signifie cette ga-

geure. Je ne parle pas du « Christ en croix » :
on me dirait que cette buée enveloppe le divin
supplice d'un voile de  deuil et de mystère.

Notez que Carrière a des admirateurs fanatiques qui le proclament tout simplement le
Prince de notre peinture. Et je n'ignore pas
qu'il sait modeler d'un crayon souple et précis
de délicates figures aux contours finement
caressés et fermement établis; il a  souvent
indiqué  avec  une  énergique  exactitude  les
plans d'un visage et atteint à un rendu sincère
et puissant de la forme. Mais pourquoi compromettre, par un parti pris d'une inacceptable invraisemblance, des œuvres dont l'intention est noble et l'exécution habile et savante ?
Heureuse trouvaille d'un jour, arbitrairement
érigée par la suite en pratique courante, im-
posée par le succès d'un  portrait à toutes les
toiles postérieures.

Certes le droit le plus imprescriptible  d'un
artiste est de choisir ses moyens et, pour
ainsi dire, sa rhétorique, d'agir à sa guise
pour mettre son œuvre en valeur et de nous
la présenter comme il lui plaît, de la voiler
sans doute, s'il le préfère, mais non pas de la

masquer complètement et de nous décevoir par une fantasmagorie fuyante et insaisissable : son droit finit où notre gêne commence et presque notre malaise. Je demande, avant de me joindre au chœur enthousiaste des initiés, que Carrière daigne éclaircir quelque peu sa fumée aveuglante pour me permettre de voir ce qu'il y a dessous ; il ne peut me suffire d'entrevoir péniblement des spectres blafards, comme cette « grand'mère » et son « petit-fils », qui me regardent de leurs quatre yeux noirs, quatre charbons trouant la vapeur grise.

Et voilà comment pointillistes et nuagistes, puvisistes et ultras plein-airistes, entraînés dans une enthousiaste croisade contre la fausse lumière d'atelier, les couleurs trop lourdes et le bitume qu'ils reprochent à l'École classique, arrivent à des excès contraires et, après avoir obtenu de fines et délicieuses transparences et d'irréprochables harmonies, finissent par conduire la Peinture aux pâleurs navrées, aux décolorations morbides, aux léthargies mortelles.

Qui nous rendra la Couleur et la Vie ?

# VII

# LA REVANCHE DE LA COULEUR

## CHAPITRE PREMIER

FÉERIES ET SYMBOLES

Ces révolutionnaires avaient réagi par leurs
clartés blanches, leurs formes vagues, leurs
indécisions flottantes contre les formes trop
arrêtées et les couleurs trop solides de l'École
Officielle; mais, dans l'ardeur de la juste
guerre qu'ils avaient déclarée à d'affligeants
excès de sécheresse ou de lourdeur, beaucoup
d'entre eux avaient abouti à des excès contraires. D'autres, à leur tour, devaient réagir
contre ces vapeurs, ces pâleurs, ce flou, au
nom de la belle couleur puissante et des larges
coulées de pâte : auxiliaires indépendants, in-

conscients peut-être, des rares maîtres classiques qui, comme Benjamin-Constant par exemple, ne consentent à aucune concession et se refusent à croire que les sombres profondeurs de Rembrandt ou la chaude magnificence du Titien soient des formes d'art définitivement condamnées.

Et, sans doute, cette armée de coloristes est étrangement mélangée ; ils diffèrent autant que possible les uns des autres : fervents adeptes, ceux-ci de l'Idéalisme le plus subjectif et ceux-là du Réalisme le plus fidèle et le plus puissant. C'est la meilleure preuve de l'importance du mouvement.

Ce fut d'abord un solitaire, aussi éloigné des convenances et du goût classiques que de la facture lâchée et de l'observation terre à terre des novateurs, non moins ennemi du naturalisme que de la tradition académique : artiste raffiné et idéaliste hautain, il méprisa le réel, dédaigna les applaudissements populaires et s'enferma, comme dans une tour d'ivoire, dans son rêve, — son rêve étrange et éclatant. Cet étonnant Gustave Moreau vient de mourir, après avoir créé tout un monde

splendide et ténébreux, chimérique et troublant : gemmes scintillantes qui éblouissent,
métaux fauves qui rutilent, fantastiques apparitions, beaux corps singulièrement con-
tournés qu'enveloppent des ombres mystérieuses. Tout lui était bon : la Grèce et la Judée,
l'Histoire sainte et la Renaissance, la Mytho·
logie et l'Allégorie, le prestigieux alchimiste
jetait tout pêle-mêle dans son creuset, et tout
se transmutait en féerie. Indéfinissables créations! Cela tient du décor et du songe, de la
joaillerie et de l'incantation : bibelots curieusement ciselés ou visions d'Apocalypse? C'est
presque enfantin, et c'est très émouvant; c'est
extravagant comme la seconde partie du
*Faust* de Gœthe, surchargé comme la *Tenta-
tion de saint Antoine* de Flaubert, inquiétant
comme un poème de Baudelaire; c'est très littéraire, et c'est de l'art pourtant par le des·
sin infiniment souple et imprévu, par le jeu
opulent et superbe des couleurs, par les contrastes savants du clair-obscur.

Il a laissé d'enthousiastes disciples, marqués
du sceau ineffaçable de ses leçons, haïssant le
banal et le déjà vu. L'un d'eux pourtant, Fer-

nand Sabatté, s'est attaché à l'étude de la
réalité, qu'il interprète, il est vrai, d'une façon
singulièrement savoureuse. Il éclaire de
chaudes lueurs la nef de Saint-Germain des
Prés et fait vibrer avec une intensité saisissante les pierres grises et grenues de son
portail : une femme âgée passe sous le porche
et son allure recueillie, son geste simple, sa
modestie sereine expriment la dévotion récon-
fortante et paisible ; puis, avec un ouvrier
courbé en deux dans un maigre champ, le
jeune artiste crée tout un symbole de philosophie goguenarde et résignée.

Les autres sont amoureux des formes rares
et des magiques prestiges. Le « Pays des Chi-
mères » de Roux-Renard, — jeune homme an-
guleux et sphinx menaçant, — est inspiré directement des compositions analogues du maître.
Les déesses et les héros de Desvallières resplendissent de reflets métalliques ou d'éclats
infernaux : hiératiques images qui brillent
comme des émaux translucides. Ses portraits,
vigoureux et sincères, et ses décorations, puissantes et lourdes, doivent un original accent
à l'énergie du dessin et à la sombre tristesse

du coloris : il semble qu'on sente ici l'effort patient et continu, la persévérance obstinée d'une volonté infatigable. Béronneau enlève sur un fond obscur la robe foncée d'une jeune femme pâle et, à ses pieds, troue les ténèbres du flamboiement vert des yeux d'un chat noir; ou bien il donne une allure équivoque de sorcellerie et de mythe oriental à la « Chaste Suzanne » surprise au bain. Pourquoi ce vigoureux coloriste s'est-il ensuite réduit de parti pris à une lividité monotone dans l' « Heure dernière » et dans cet « Orphée chez Pluton », dont les monstres grouillants rappellent Jérôme Bosch?

Quoiqu'ils ne soient pas élèves de Gustave Moreau, c'est près de ces héritiers du maître que se placent Amédée, avec l'étrangeté séduisante de ses « Deux fées », de son « Amie du silence », de sa « Viviane victorieuse », et William Cot, avec les harmonies puissantes de sa sombre allégorie, « l'Amour et la Mort », de sa « Bethsabée », somptueuse et impassible, et de son chaud et savoureux portrait de jeune femme. C'est d'eux aussi que se rapprocherait un isolé, Lucien Monod : non pas sans doute par sa couleur qui est terne et monotone, mais par le choix de ses sujets ; il cherche à traduire la poésie fantastique des vieilles légendes sur des toiles, qui semblent de bleuâtres ou verdâtres camaïeux peints sur faïence, avec leurs mers lourdement bigarrées et leurs personnages raides et simplifiés.

Il faut pour ces audaces infiniment de goût et de mesure : l'exagération conduit vite à de laborieuses extravagances, à des bizarreries prétentieuses et incompréhensibles, où s'enchevêtrent, dans des profondeurs obscures ou dans de ridicules flamboiements, une subtilité de Byzantin, une incohérence de décadent et des maladresses naïves de primitif.

Ces excentricités ambitieuses nous mènent au symbolisme — ou tout au moins à ses débris, car le groupe symboliste se meurt, lui qui se forma si bruyamment, il y a dix ans à peine. Il proclamait l'avènement d'une peinture nouvelle, plus profonde, plus intellectuelle, plus suggestive, d'une peinture philosophique ou plutôt apocalyptique, devant laquelle s'effondreraient, superficielles et banales, toutes les anciennes écoles. Qu'est-il advenu de ces pro-

messes et de ces prophéties? La peinture vit
de l'amour du métier, de la passion des belles
lignes et des couleurs harmonieuses, de la joie
de créer de la beauté avec des pâtes colorées,
de l'imagination aussi sans doute et de l'idée,
mais de l'imagination plastique qui ne conçoit
l'idée que sous la forme sensible, qui est sa
transposition artistique et comme son indispensable vêtement ;

  « Et tout le reste est littérature ».

Or les symbolistes se révélèrent bien moins
artistes que littérateurs, disciples de Mallarmé
et de Saint-Pol Roux le Magnifique. Mages
émules du sâr Peladan et plus ou moins adeptes de la Rose ✝ Croix, ils s'enivrèrent d'occul-
tisme et de cabalistique ; ils n'eurent que le
souci des énigmes indéchiffrables ; ils ne s'in-
génièrent qu'à proposer d'invraisemblables
rébus. Le Symbole, cette parure suprême des
religions, cette fleur rare et mystérieuse des
jardins du Rêve, ils le vulgarisèrent et l'avi-
lirent. Leurs charades perpétuelles obtinrent
d'abord un succès de curiosité, puis on se lassa
de chercher leur mot souvent introuvable et

d'avoir toujours à déchiffrer quand on demandait à admirer.

Que reste-t-il maintenant de l'école symboliste? Comme presque seul il apporta une note d'art nouvelle, presque seul aujourd'hui survit Odilon Redon, le peintre des cauchemars et des hallucinations : il officie, avec des incantations d'hiérophante et des gestes cabalistiques de nécromancien, dans un sanctuaire jalousement isolé, loin des profanes, vénéré de quelques initiés, qui restent fidèles à ses femmes rigides et hagardes, à ses têtes sans corps planant dans du bleu ou dans du rouge, comètes problématiques de cieux inconnus.

Les autres simplifient à l'extrême le dessin et le coloris, et leurs œuvres ne relèvent guère que de l'art décoratif. Les toiles de Vallotton ont l'air d'enfantines chromos, enluminées de couleurs lourdes et criardes avec une verve baroque, qui n'est pas sans produire d'amusants effets de silhouettes caricaturales, de groupements comiques, parfois même de curieux contrastes de lumières violentes et d'ombres épaisses. C'est par un large contour très appuyé, enveloppant des teintes plates, que Paul Ranson établit les figures de ses curieux cartons de tapisserie. Et Séruzier ne procède pas autrement pour ses scènes bretonnes, rudimentaires, étranges, endeuillées par l'abondance des noirs opaques, que heurte le choc violent des rouges crus et des jaunes vifs, juxtaposés sans transition : naïves images d'Épinal, compliquées par un esthète subtil, ces compositions bizarres ne sont pas dépourvues d'une certaine séduction à la fois barbare et raffinée.

Les fantaisies de Vuillard paraissent des décors pour paravents, rivaux d'ailleurs des papiers Japonais par l'humoristique et pittoresque bizarrerie de l'invention et la séduisante délicatesse des gris très fins harmonieusement échantillonnés. Et Bonnard, lui aussi, atteint, dans ses figures étrangement contournées, à des effets inattendus d'une capricieuse originalité, quand il veut bien ne pas les noyer dans une obscurité floue.

Le groupe de ces décorateurs est, on le voit, assez disparate, et, quel que soit le nom auquel ils prétendent, les uns voisinent avec les ultras impressionnistes, dont ils ne se distin-

guent guère que par l'amour des notes noires,
et les autres ne sont que des nuagistes assombris.

Maurice Denis est presque le seul qui préfère les nuances claires pour ses effigies
féminines, maniérées et raides; les autres ne
se plaisent qu'aux teintes foncées, que le Hongrois Rippl Ronai alourdit lugubrement en
épaisses ténèbres : dans l'encre, qui les ré-
concilie, ce révolutionnaire communie avec
Raoul Barbin, ce classique, et avec Georges
Rouault, ce savant et indéchiffrable disciple
de Gustave Moreau.

On peut donc dire que le groupe symboliste, très intéressant pour l'histoire générale
des idées, n'apporte, somme toute, à l'histoire
de l'Art qu'un nouveau témoignage de la réaction grandissante contre les blancheurs ané-
miées.

# CHAPITRE II



Il n'y eut pas que des Français à lutter contre les détrempes du plein-air : beaucoup d'étrangers sans doute s'étaient vite convertis aux pâleurs et aux langueurs à la mode, mais d'autres gardèrent le culte des couleurs puissantes, les aimant même mieux lourdes qu'affadies, et nous leur sommes redevables de salutaires exemples.

L'Allemagne, souvent trop dévote aux teintes effacées et aux grisailles ternes, n'a pas manqué pourtant de coloristes convaincus, épris des pâtes opulentes, — tel le fameux Boecklin, le maître de Bâle, — et nous en a envoyé quelques-uns : Kuehl avec ses tableaux de genre, Max Kahn qui égaye de tons chauds ses scènes familières et populaires, Othon de Faber du Faur qui accentue vigoureusement les ombres profondes de ses toiles napoléoniennes et arabes, Schildknecht, dont les têtes de vieilles paysannes sont analysées avec tant de patience, de justesse et de vigueur.

La Hongrie s'est montrée fidèle aux riches harmonies avec le fier portrait de femme âgée, robe noire, figure pâle et cheveux blancs, de Mᵉ Alma Parlaghy, et avec l'effigie correcte et calme du chancelier de Hohenlohe, et les autres œuvres aristocratiques et décoratives de Fulop Laszlo. Est-il besoin de nommer Munkacsy ?

Il nous est venu des coloristes d'Amérique, émules de l'illustre Whistler, mais préférant à sa fine distinction et à ses concerts atténués de nuances délicates des notes plus vigoureuses et un coloris plus accentué. Humphreys Johnston joint à de sombres et suggestifs portraits, comme celui de « Sarah Bernhardt en Lorenzaccio », d'originales fantaisies, une « Circé » mystérieuse dans le clair de lune, une délicieuse « Symphonie de rose », corps rose d'une toute jeune fille, divan rose et tentures roses. Sous le pinceau savoureux de Lio-

nel Walden les lumières des gares et des usines
étincellent dans la nuit; les vaisseaux de guerre
s'éclairent, comme de feux de Bengale, du reflet vert des projections électriques; la mer
glauque s'endort au crépuscule; le soleil couchant incendie les barques de pêche, l'indigo
profond de la Méditerranée et le porphyre
flamboyant de l'Esterel. La « Famille de pêcheurs hollandais », de M$^{lle}$ Antoinette Par-
sons, nous est un vrai régal par la belle
audace des tons vigoureux et la chaude harmonie de l'ensemble. Richard Miller précise
avec une savante énergie un solide portrait
de femme âgée. Herter oppose le « noir » à
l' « or » dans un home élégant à la tombée de
la nuit; et Tanner continue l'intéressante
série de ses tableaux religieux, « Résurrection de Lazare », « Annonciation », « Le
Christ et Nicodème », où le réalisme des personnages se poétise par les contrastes du clair-
obscur dans une gamme un peu trop uniformément brune, qui a tenté aussi Walcott dans
son « Adoration des Mages ».

Mais ce furent des Anglais surtout qui pro-
testèrent contre les tonalités assourdies et

effacées : la patrie de Gainsborough et de Reynolds, de Constable et de Turner — et ne fut-elle pas aussi le séjour d'élection de Holbein et de Van Dyck? — ne pouvait se contenter des pâtes minces ni de la facture sommaire de la plupart des Préraphaélites. Cette indigente sobriété n'a jamais séduit le célèbre Herkomer, ce Bavarois, fils adoptif de la Grande-Bretagne : ses portraits, et surtout son « Conseil municipal de Landsberg », digne des tableaux de corporations du dix-septième siècle hollandais, sont de précieux modèles d'un art riche, sain et fort. Brangwyn pose avec une exceptionnelle vigueur les tons sombres et puissants de ses curieuses toiles qui semblent des cartons de tapisserie. Dudley-Hardy modèle de robustes bas-reliefs en pleine pâte, comme ses « Marocains en Espagne ». Douglas Robinson construit avec une belle solidité et un ragoût très personnel de pâtes brunes et dorées ses portraits, ses études de nu, ses paysages lunaires, d'une mystérieuse et insinuante poésie. Nous avons vu, d'Henry Schafer, une vivante effigie de femme âgée, chaudement colorée, et de M⁰ Delissa, une figure de jeune fille, tout aimable dans sa piquante originalité, et surtout cette fantaisie étrange, d'une allure shakespearienne, où la tête blafarde de la femme et les notes d'argent des chandeliers tranchaient, par un contraste saisissant et presque douloureux, sur les noirs ternes de la robe et du fond. Les œuvres, si vigoureusement réalistes, de Charles Bartlett, ses « Vieux », par exemple, ont une rudesse lourde et une âpreté toute britannique.

Près de ces Anglais prennent place des Irlandais, le sincère portraitiste Lavery et le gracieux fantaisiste Georges Joy, l'humoristique auteur de l'amusant, du lumineux « Omnibus de Bayswarter », qui nous a donné de charmants concerts de notes rouges dans son « Doux repos » et son « Moineau de Lesbie ». Et voici des Écossais, fiers de leur grande école de Glasgow, le fameux James Guthrie, véhément et expressif, l'ingénieux et habile Lockhart, l'exact et délicat Lorimer, et cet original William Harcourt, dont le coloris audacieux transfigure la banalité des scènes mondaines ou traduit avec un éclat inattendu la poésie des vieilles légendes.

La plupart des maîtres belges, quelle que soit d'ailleurs leur conception de l'art, Frédéric comme Émile Wauters, Willaert comme Baertsoen, Dierckx comme Claus, Buysse comme Courtens, n'admettent que les tonalités claires et les fines valeurs de la lumière diffuse. Mais c'est d'un Belge pourtant que nous avons admiré, aux Salons de 94, 95 et 96, l'admirable trilogie de la souffrance, de la mort et du deuil; et, dans les trois chefs-d'œuvre d'Alexandre Struys, d'une exécution à la fois si précise et si large, — le prêtre assistant le malade, le départ du cortège funèbre, le prêtre consolant la veuve, — non moins que par la force pathétique et sobre de la composition, c'est aussi par la puissante harmonie des noirs et par la gamme savante des ombres et des pénombres, relevées de rares clartés, c'est, en un mot, par les contrastes tragiques du clair-obscur, que s'expriment l'intensité du sentiment, le déchirement de la douleur et la solennité lugubre du drame intime et poignant.

Est-ce l'influence croissante de Gustave Moreau? Est-ce l'exemple venu du dehors? Ou

simplement peut-être le sentiment du danger,
la crainte de l'anémie menaçante? Quelles
qu'en fussent les origines, il est évident
qu'une réaction se dessinait depuis quelque
temps dans nos ateliers contre les excès du
plein-air : d'assez nombreux artistes ren-
forçaient leurs palettes et rehaussaient leurs
tons, sans vouloir pourtant se rattacher à
l'École officielle, qu'ils rendaient tout entière
responsable des torts de quelques retarda-
taires et qu'ils accusaient, sans plus d'exa-
men, de majesté et de correction conventionnelles et de crainte mesquine du réalisme. Ils
voulaient garder les conquêtes nouvelles en
réparant les pertes regrettables et, sans re-
venir aux traditions académiques, rendre du
sang et des muscles à la peinture expirante.

Il semble que Deschamps pense surtout à
Ribéra ou à Ribot, son traducteur français,
et quelques-unes de ses œuvres, comme sa
« Tête de Gitane », ont un énergique accent;
mais ses ombres sont opaques et ses carnations, d'un rose trop vif étendu par teintes trop
plates, paraissent souvent peu naturelles.
Louis Picard s'est créé un style très spécial,

facture pesante, dessin appuyé, coloris décidé et lourd, et nous retrouvons chaque année son motif favori, une jeune femme rousse devant une fenêtre et son corsage jaune se détachant sur la mer bleue. Le Pan de Ligny, dans ses rudes repas et buveries populaires, Tessier et Paul Langlois, dans leurs sujets familiers et leurs intérieurs, recherchent des contrastes accentués d'ombre et de lumière rouge.

Mais les œuvres éminentes de Gustave Moreau n'étaient en somme que des exceptions; les efforts de ses élèves, de ses successeurs et des indépendants, fatigués des blancheurs mourantes, ne traçaient qu'un sentier écarté pour quelques promeneurs d'élite loin de la grande route de la lumière pâle et de la craie : ce n'étaient que des tentatives individuelles, intéressantes à coup sûr, mais isolées. Parviendrait-on à former un corps de doctrines, à entamer la lutte d'égal à égal, à opposer école à école ?

# CHAPITRE III



## L'ÉCOLE BRETONNE

Enfin Cottet parut, il y a quelques années à peine, et autour de lui se forma toute une jeune armée de beaux peintres, passionnés pour les larges coulées de pâte généreuse, pour les couleurs puissantes, pour la magnificence des teintes chaudes, pour les fières harmonies des tons sombres, amoureux fervents, eux aussi, de la nature et de la vie.

C'est la Bretagne surtout qui fut leur inspiratrice : ils ont compris la poésie profonde de ses landes sauvages et de ses genêts dorés, de sa mer grise et glauque, lourde et terrible, de son ciel bas et brouillé, d'où pèse un charme de tristesse douce et où monte la prière du vieux pays celtique, ils ont aimé les paysans et les marins de l'Armorique, patients, résignés et forts.

Et c'est « Au pays de la mer », le triptyque de Cottet, une des trois ou quatre
plus hautes œuvres de ces dernières années,
la plus nouvelle assurément. Au centre, « le
Dernier repas » des marins avant le départ :
une quinzaine d'hommes, de femmes et d'enfants sont rangés autour d'une vaste table,
éclairée par la flamme modeste d'une petite
lampe suspendue, et, derrière la baie vitrée,
s'étend le bleu sombre de la mer attirante et
traîtresse; ils parlent peu, ils se regardent
longuement, et une mélancolie silencieuse et
morne pèse sur ce dernier soir de sécurité,
de bien-être, d'intimité. Les faces bronzées des
vieux matelots, leurs mouvements lents et
gauches, les têtes fanées et résolues des vieilles
contrastent avec les figures pâles et la grâce
délicate des deux jeunes femmes qui ont orné,
en l'honneur de cette dernière fête, leurs
bonnets blancs et leurs corsages sombres de rubans bleus ou mauves. Et regardez cette toute
jeune fille, vue de dos, assise au premier plan :
quelle exquise note claire que sa chevelure
blonde sous sa coiffe noire! A gauche, « ceux
qui partent » dans la barque déjà perdue sur la

mer ténébreuse : les vieux, endurcis par l'accoutumance, sont assis indifférents ou fument leur pipe, mais il a le cœur gros, le pauvre mousse qui s'incline accoudé à son banc, pensant à tout ce qu'il a quitté. A droite, « celles qui restent », groupées sur le rocher gris, cherchant encore à l'horizon la voile disparue, plus abandonnées et plus malheureuses, dans leur résignation muette, sous ce ciel lourd, par ce crépuscule terne. C'est un drame en trois actes, tranquille et poignant : l'accent convaincu, l'émotion profonde, les gestes rares, la tonalité puissante et sombre, tout concourt à donner à cette grande œuvre une solennité épique, à l'élever de la représentation d'une scène passagère à la hauteur du symbole d'un métier, d'un pays, d'une race.

Jusqu'alors, Cottet nous avait donné des études, des ébauches, des promesses ; et nous pouvions tout espérer de l'observateur sincère des « Gens de mer », de l'interprète fidèle des ciels et des mers, des journées brumeuses et des nuits épaisses de la Bretagne, des gaietés ensoleillées de Venise et des concerts variés des lagunes. Voici sa maîtrise consacrée, et la jeune École se précise et se définit dans son premier chef-d'œuvre : amour enthousiaste de la nature, sentiment ému et presque religieux de la poésie des choses et de la grandeur naïve et souvent austère de la vie des humbles, couleurs savoureuses et, de préférence, sombres, par opposition aux excès du plein-air, et parfois, dans l'entraînement de cette réaction, négligence de l'enveloppe aérienne; rien de traditionnel, rien d'académique, libre jeu de la spontanéité, audace primesautière, taxée d'ignorance et de présomption par quelques classiques mécontents, qui se posent en défenseurs brevetés de la beauté et de la pureté délicate des lignes.

Mais qu'on ne vienne plus nous dire aujourd'hui que Cottet est trop exclusivement coloriste, qu'il se contente d'un dessin grossier et gauche et d'un modelé rudimentaire! C'est ce que répétaient, à ses débuts, les esprits chagrins qui boudent contre leur plaisir, hostiles de parti pris aux nouveautés, qui dérangent les idées toutes faites, et toujours ingénieux à découvrir le défaut qui les dispense

de l'éloge. Et, sans doute, ces critiques n'é-
taient pas incompréhensibles devant les
précédentes toiles du jeune maître : « la
Vieille Marchande de pommes », « les Jeunes
Filles et les vieilles femmes », « la Femme
pauvre » attestaient plus de fougue et de
puissance que de perfection technique. Enivré
des profondes harmonies de la couleur, il
n'avait peut-être pas alors un souci assez
scrupuleux de la forme; il se préoccupait
moins du galbe de ses personnages que du
contraste saisissant des ombres et des clartés,
et ne demandait un modelé un peu sommaire
qu'à de larges et fortes masses sombres, dis-
posées surtout pour faire valoir les jeux de
la lumière. Voilà pourquoi il aimait tant détacher une silhouette, robuste et lourde, sur
un fond plus clair : voyez les « Trois capi-
taines » et les « Gens qui passent » sur le ciel
orageux. Mais il ne nous déplaît pas qu'il fût
imparfait alors, puisqu'il s'est transformé depuis, et nous l'aimons mieux s'élevant sans
cesse, affirmant chaque année un progrès
nouveau, que figé dans une habileté impeccable et immuable qui ne nous ouvrirait pas,

comme cette ascension continue, les perspectives illimitées de l'avenir.

Et, dès maintenant, peut-on nier que son métier ne soit digne de son talent? Devant ses dernières œuvres, peut-on de bonne foi contester sa science et son amour de la forme et de la vie? Si nous retrouvons le coloriste magnifique dans l'éclatante procession du « Jour de la Saint-Jean » et dans « La veillée de l'enfant mort », — Bretonnes d'Ouessant en robes noires entourant le petit cadavre, qui repose éblouissant entre les lueurs jaunes des cierges et sous la rouge jonchée des fleurs artificielles, naïve et rutilante floraison de papier peint, — avec quelle justesse et quelle force s'affirme le dessinateur dans l'admirable série des « Deuils », peintures et pastels, dans cette pauvre fillette au visage gros de larmes, dans ces deux couples de femmes douloureuses, une vieille et une jeune, appuyées sur l'épaule l'une de l'autre, et dans la jeune peut-être surtout, avec son bonnet blanc en pleine lumière, ses yeux noirs, sa joue brune, d'un modelé si souple et si puissant! Où donc ai-je ressenti une émotion analogue? Où ai-je eu cette même illusion de la vie exprimée avec cette même intensité par des moyens aussi simples? N'était-ce pas au musée d'Amsterdam devant les « Syndics des drapiers » de Rembrandt?

En même temps que Cottet, d'autres fiers artistes, d'autres hardis novateurs tendaient au même but et s'inspiraient du même idéal, et ce n'est pas par imitation, mais par sympathie, qu'ils se groupent autour de lui pour former la pléiade nouvelle : ainsi Ronsard et Joachim du Bellay se rencontrèrent dans un même dessein, qu'avant de se connaître ils avaient conçu chacun de son côté.

L'âpre originalité de Lucien Simon s'affirme davantage chaque jour; il n'en est guère de plus tranchée. Reconnaissable de prime abord à cette tendance caricaturale, où l'entraîne une généreuse horreur de la fadeur et des conventions, et à cette tonalité verdâtre qu'il inflige à presque toutes ses toiles, sans peut-être s'en rendre compte, — choix réfléchi au début, passé en inconsciente habitude, — il se distingue aussi par des qualités singulières : goût spécial des colorations, rares et fortes, harmonie aigre et mordante, jamais éclatante, mais jamais banale, analyse aiguë des caractères et des visages, solidité qui touche parfois à la raideur, virilité austère et presque rude de l'ensemble; rien de lâché, rien de flou, jamais de détente ni d'abandon : c'est une peinture stoïcienne, où l'on sent toujours la tension, l'effort, la volonté directrice.

Ses portraits ont la décision résolue, la vigoureuse netteté d'une gravure au burin. C'est un pénétrant observateur, d'un esprit incisif, d'une franchise impitoyable, et, si ses études réalistes frisent quelquefois la charge, c'est par amour de la vérité : l'exagérer, peut-être, l'affaiblir, jamais! Son cortège de « Marguilliers », saisis dans l'exercice de leurs fonctions, est digne de Flaubert ou de Maupassant; et c'est une curieuse et amusante vision de Bretagne bretonnante que son « Retour de la messe à Penmarch » : les fidèles marchent en deux groupes, les hommes par derrière, les femmes par devant, sanglées dans leurs beaux costumes des jours de fête qui accusent le hâle de leurs teints.

Il a montré enfin des mérites supérieurs

d'exécution et de style dans ses deux grands tableaux, « le Cirque au village » et « les Lutteurs ». Dans « le Cirque», Bretons et Bretonnes, trapus, mastocs et graves, contemplent avec componction la plus déplorable des danseuses de corde, trémoussant lugubrement ses échalas navrés dans le plus fripé des maillots et assistée du plus piteux des clowns, dont la longue figure amaigrie, émergeant d'un dérisoire costume jadis rouge, se creuse de l'absence du dîner d'hier et de l'inquiétude du déjeuner de demain. Les faces brunes et têtues des paysans témoignent à la fois leur dédain de travailleurs sédentaires, de citoyens établis pour les nomades irréguliers qui vivent en marge de la société et leur admiration de rustauds maladroits et pesants pour les baladins qui dansent sur une corde tendue, leur conviction respectueuse d'assister à des tours de force, à un spectacle d'art.

Moins importante à première vue que « le Cirque », « la Lutte » est peut-être plus savante et plus forte : sur la place, que ferme au fond un vieil et lourd portail gothique, des paysans et des paysannes de la Cornouailles,

des gens de Pont-l'Abbé en costumes de fête
font cercle autour des deux lutteurs; et la
terre de granit ne peut pas renier ses enfants,
frères cadets, dans leur vigueur lourde et leur
fruste rusticité, des dolmens et des menhirs
(comme l'indiquent, d'une plaisante façon,
les silhouettes analogues et l'évident air de
famille des campagnards et des mégalithes
dans le « Jour de Pardon »). Peu de toiles
donnent mieux l'impression d'une œuvre
dans le sens complet du mot, c'est-à-dire
d'une idée picturale traduite dans sa pléni-
tude, sans atténuation, sans subterfuge, sans
défaillance, d'une composition mûrement mé-
ditée, énergiquement ordonnée, loyalement
construite, sans que ce travail réfléchi dé-
nature la pensée première de l'artiste, l'ap-
pauvrisse et l'émonde au nom d'une Poétique
conventionnelle : c'est une conscience de classique mise au service d'une sincérité d'impressionniste.

Par une laborieuse inquiétude, par d'incessantes recherches, Simon s'élève, comme
Cottet, d'un progrès continu, à un art plus
complet et plus riche : sans rien perdre de sa

force et de sa sincérité, il vient de montrer, dans une de ses dernières œuvres, dans l'inoubliable « Cabaret breton », un goût tout nouveau des couleurs joyeuses et des vives harmonies, que n'attriste plus cette fois son ordinaire enveloppe verdâtre.

Un jeune peintre, presque un débutant, Émile Wéry, se soucie davantage de la grâce, quoiqu'il soit, lui aussi, un réaliste convaincu : la fermeté de son dessin n'exclut pas la délicatesse. « Les filles de Penmarch », une jeune fille et un enfant, appuyées au parapet du quai, dominent la mer qui balance là-bas la flottille dans la nuit. « Le soir après l'orage », une Bretonne, grande et maigre dans sa robe noire, se dresse debout à ce premier plan où Wéry place toujours ses figures principales, qui paraissent près de sortir du cadre : elle presse dans ses bras son petit enfant, et, derrière elle, les marins silencieux et las reviennent à pas pesants, le long du port, dans la tristesse douce de la nuit qui tombe.

La couleur grave de ses premières toiles, l'harmonie profonde de leurs tons sombres ont fait place dans les suivantes à un coloris plus gai, plus vif et plus éclatant : tels les disciples de Rembrandt, Govert Flinck et Ferdinand Bol, qui, séduits par les sonorités joyeuses de Rubens, abandonnèrent la loi d'Amsterdam pour la loi d'Anvers. La petite Bretonne de Wéry, sa « Méloé », est un régal exquis pour l'œil par le riche et harmonieux concert des bleus, des rouges, des verts, des ors, des mauves. Et quel charmant essaim de bambines que ces fillettes aux robes bariolées, « revenant de l'école, à Plougastel », déjà sérieuses ou doucement souriantes, trottant menu sur la lande, le long des genêts dorés dans le rayonnement pâli d'une fin de belle journée!

Dans sa dernière œuvre, dans ces « Bateliers d'Amsterdam », dont les lourds chalands glissent avec lenteur sur un nostalgique canal, bordé de la rangée pittoresque des vieilles maisons hollandaises aux façades inégales et curieusement polychromées, Wéry revient aux tonalités plus austères de ses débuts, mais en relevant leur mélancolie du réveil de quelques notes plus brillantes et plus gaies : et la mâle énergie, la puissance pénétrante de cette noble page s'éclairent de délicatesse et de grâce.

C'est au contraire dans une gamme uniformément sévère qu'un Belge, Frantz Charlet, a peint son robuste triptyque du « Pêcheur », évidemment inspiré du chef-d'œuvre de Cottet.

Tous ces jeunes artistes contemplent, sans se lasser, la sombre majesté de la mer de Bretagne ; ils l'aiment avec passion, ils se bercent aux rythmes variés de sa chanson grise : c'est sa force menaçante et souveraine qui domine dans la plupart de leurs toiles, comme la Fatalité pesait sur la tragédie antique. Cottet observe avec une émotion intense toutes ses métamorphoses et nous la montre sous tous ses aspects, « bleue », « verte », « soufre », « pâle », « orageuse », « nocturne ». C'est à sa beauté tranquille que sont consacrés les petites marines de Simon et les ports de Le Goût-Gérard, caressés des reflets adoucis du couchant, tachetés d'ombres vacillantes par les bateaux qui flottent à l'ancre ; et les paysages de Dauchez sont surtout des paysages maritimes.

André Dauchez est, comme Émile Wéry,

un jeune entre ces jeunes, mais ses débuts furent des coups de maître : c'est le grand paysagiste de la nouvelle école. Sous la lourdeur d'un ciel bas, les vagues écumantes déferlent sur la plage, et la plaine s'étend, sombre et triste, jusqu'à l'horizon, qu'illuminent quelques chaudes lueurs glissant entre les nuages : debout sur le rivage, fouettés par la rafale, des paysans brûlent des tas de goémon, une charrette emporte le précieux engrais, péniblement traînée par deux chevaux dans les ornières d'un chemin creux, — et c'est la lutte de l'homme contre les éléments déchaînés. Une grève plate s'infléchit, régulière et morne, le long d'une lagune; les rayons lumineux des phares glissent dans la pénombre crépusculaire sur l'étendue grise; Kerity découpe vigoureusement les formes noires de ses maisons sur un ciel d'or clair; Penmarch dort dans la paix muette de la nuit; à la frange du flot se dressent les blocs de granit, — rochers ou menhirs? — immuables sentinelles de la terre d'Armorique; entre le ciel obscur et l'Océan ténébreux, une falaise d'Écosse resplendit, verte et jaune, frappée

obliquement par le soleil; une rivière coule
entre des rives basses, réverbérant le ciel brumeux, dans la lumière maladive d'une journée
de pluie, sous les nuages qui tamisent et dé-
colorent la clarté solaire. Et l'on ne saurait
dire l'émotion grave et pénétrante, la largeur
de touche, le savoureux concert des notes profondes, le charme étrange de ces nobles traductions de la mélancolie des choses; mais il
faut insister sur leur accent original : pas de
souvenirs, pas d'imitation, rien de déjà vu, ni
le sentiment, ni la couleur, ni le style. C'est
vraiment la création d'un art nouveau!

Du même idéal s'inspirent Edouard Saglio
dans ses scènes familières, Eugène Vail dans
ses impressions de Bretagne et ses souvenirs de Venise, et Raoul Ulmann, surtout dans ses paysages parisiens, ses pittoresques vues de Seine, où les lumières des
becs de gaz, les fanaux des pontons et les
feux multicolores des bateaux tremblotent
dans la nuit.

Eugène Lomont recherche les mêmes harmonies, calmes et profondes, de noirs et de
bruns dans ses intérieurs, — femmes nues à

leur toilette ou jeunes filles au piano; il aime l'opposition discrète des clartés et des ombres qui glissent doucement, dans le demi-jour d'une chambre close, sur les boiseries jaunâtres. Mais cet analyste délicat des lumières atténuées est aussi un portraitiste à la fois énergique et précis : son profil de « dentellière » est digne du pinceau exact et fin de quelque vieux maître hollandais, Vermeer de Delft, par exemple; et il s'élève au grand art avec la magistrale effigie de sa « Mère », d'une solidité sculpturale, d'une noble sévérité et d'un effet saisissant par le contraste hardi des tons d'ivoire de la figure et des ombres puissantes qui l'entourent.

René Ménard est le poète de l'école, et ses œuvres, exquises dans leur douceur irisée d'opale ou d'aigue-marine, joignent un sentiment tout moderne à l'élégance antique. A la lisière des grands bois, les prairies s'endorment, enveloppées d'ombre et de silence, et le site mystérieux s'anime de légères visions. C'est toute une mythologie imprécise et charmante, et un souffle d'églogue flotte dans l'air : ici glisse sur le gazon le chœur cadencé des nym-

phes, harmonieuses et chastes formes blanches
dans les transparences brunes du soir; là le
berger Pâris juge les trois déesses, et la vieille
histoire rajeunie reçoit une grâce nouvelle
d'idylle champêtre. Une sérénité souriante
descend dans l'air tiède et lumineux sur la
mer tranquille; ou bien encore, dans une paix
profonde, la lune brille au ciel limpide, elle
argente de pâleurs nacrées le miroir pur d'un
lac sans rides et la nudité délicate d'une bai-
gneuse, mortelle ou naïade : c'est le Corot des
nuits d'été. Il se plaît aussi à de fines analyses
de nuages, sourire des nuages roses sur le
mont Blanc ensoleillé, menace des nuages
noirs d'orage sur la plaine assombrie, douceur des nuages gris de pluie sur la mer brumeuse.

Parfois enfin, après avoir dit la douceur
caressante et le charme insinuant des pénombres incertaines, il célèbre, d'un pinceau plus
somptueux, les magnificences triomphales de
la lumière; et la gloire de l'été rayonne d'une
splendeur calme et d'une noblesse souveraine,
comme dans « l'Estuaire », fleuve d'azur pâle,
dont la moire ondoyante chatoie sous l'or pâle

du ciel entre les sombres feuillages des rives silencieuses.

De ces prairies et de ces bosquets, de ces mers et de ces nuages, de ces bergers et de ces nymphes, et de ces ruines mêmes d'un temple grec, il s'élève comme une musique de songe aux notes cristallines à la fois et voilées. Rien de lâché d'ailleurs, rien de flou : la grâce ici n'exclut pas la science, ni la fantaisie le dessin ; les contours sont tracés avec décision, les formes solidement construites et les plans du paysage nettement établis. C'est un mélange imprévu et délicieux de fini et d'indéfini, de formes plastiques et de vague rêverie : et de ces compositions soigneusement ordonnées, de ces lignes très arrêtées émane je ne sais quelle invincible séduction, quel irrésistible attrait, qui nous pénètrent et nous captivent, comme d'une corolle régulière aux pétales précieusement ciselés s'exhale un subtil et indéfinissable parfum.

Voilà la jeune école, les novateurs inspirés, les sauveurs qui ont glorieusement ranimé notre peinture, évanouie dans la plus délicate des langueurs et la plus aristocratique des anémies.

Drames magnifiques et poignants de Cottet
et pastorales austères ou souriantes de Wéry,
intérieurs de Lomont et paysages de Dauchez,
compositions réalistes de Simon et poèmes de
René Ménard, sous quelle désignation com-
mune comprendre cet ensemble si divers?
Quel nom donner à la généreuse pléiade? On
a proposé celui d'Ecole bretonne. Acceptons-
le provisoirement à titre de souvenir, pour
rappeler son origine, mais non comme définition de son œuvre : ce serait l'enfermer dans
son berceau. Ils débordent de toutes façons ce
cadre trop étroit : et par leurs sujets et par
leur programme; ils ne sont pas les peintres
d'une province, mais les chefs d'une des trois
grandes écoles actuelles de la Peinture Française.

Et ce programme est si naturel, si oppor-
tun, si nécessaire, qu'il rallie des adhérents
de tous côtés. Il en vient du plein-air : nous
avons dit comment, tout en gardant le souci
essentiel de l'ambiance aérienne, Jules Adler,
Besson, Prinet, M<sup>lle</sup> Delasalle renforcent leur
palette et assombrissent leurs tonalités.

Une tendance analogue apparaît déjà dans

les scènes populaires, consciencieuses et sobres, de Victor Leydet et dans les toiles, plus
austères et plus attristées, que Granchi-Tay-
lor consacre aux travaux et aux deuils de nos
marins. N'oublions pas l'Américain Max Bohm,
dont nous avons dit la franchise d'allure et
la vigueur primesautière, et l'intéressante colonie de peintres américains et anglais, Ri-
chardson, Hankey, M$^{lle}$ Defries, qu'il a grou-
pée sur une modeste plage de notre Manche
brumeuse, au milieu de nos paysans et de nos
marins Picards, dans le petit port de pêche
d'Étaples.

Il en vient de l'atelier de Gustave Moreau :
un jeune et hardi chercheur, Charles Hoff-
bauer, veut régénérer l'Histoire, la dégager
des conventions académiques et des compositions artificielles et nous donner, non plus
de froides et ennuyeuses reconstitutions du
passé, mais de vivantes résurrections par la
féconde union du réalisme et de l'émotion
sincère et par l'effet tragique des ombres
épaisses dans la fluidité véritable de l'atmosphère. Sa mêlée des « Gueux » est un grouillement furibond et sinistre, une atroce cohue

de pauvres hères, hâves, minables, dépenaillés, s'efforçant, avec le sombre acharnement du désespoir et de la haine, de soutenir le choc des chevaliers bardés de fer.

Il en vient du classicisme : et certes les riches colorations de l'École bretonne n'étaient pas pour déplaire aux classiques, qu'elles vengeaient enfin du triomphe de la céruse et de la craie ; mais il y avait incompatibilité d'humeur entre ces savants, imbus des traditions officielles, et ces novateurs, qu'ils accusaient de présomption et d'ignorance. Il n'en est plus de même : ils vont aujourd'hui au devant les uns des autres, ceux-ci en épurant leur dessin et en perfectionnant leur métier, ceux-là en se dégageant de plus en plus de la froideur académique et en consultant davantage la nature. Et je n'en veux qu'un exemple, mais très remarquable, celui d'un jeune artiste d'éducation toute classique, Jean-Pierre Laurens.

Sur la plage d'Yport, devant la mer lourde et ténébreuse, dans la nuit qui tombe, « le Cabestan » tourne lentement sous l'effort des marins, des femmes, des mousses : deux figures énergiques dominent le groupe, deux vieux loups de mer, l'un massif et trapu, pesamment appuyé sur la barre, l'autre maigre, long, très droit, le front éclairé par un dernier rayon ; la cotte rouge d'une pêcheuse, les vareuses bleues, les sarraux bruns s'estompent dans le crépuscule. Et cette toile puissante est l'œuvre d'un jeune homme de vingt-trois ans qui prend ainsi place dans cette trinité si diverse des Laurens, où le père, gloire consacrée, représente l'art intellectuel et savant, tandis que les fils, renommées naissantes, personnifient l'un l'élégance et la grâce, l'autre la vigueur et la force.

Par l'harmonie chaude et profonde, par la sobriété de la composition, par l'intensité du sentiment, par l'amour de la vérité et de la nature, Pierre Laurens se rapproche de l'École bretonne et tend la main à Jules Adler qui vient des confins opposés de l'Art. Est-ce que la nouvelle École apporterait, non pas plus de désordre et de division, mais plus d'union, au contraire, et de concorde ? Et, puisque c'est par elle que les contradictions s'atténuent, ne serait-ce pas en elle que les écoles rivales se réconcilieront ?

# VIII

# ARCHAÏSME ET EXOTISME

---

## CHAPITRE PREMIER



Il est enfin de nombreux peintres, et non des moindres, qui ne se rattachent à aucune des écoles actuelles; artistes savants et très habiles, ils font revivre des formules d'art qu'on croyait mortes et s'inspirent des maîtres anciens de la façon la plus ingénieuse : ce sont les archaïsants.

Il ne faut pas, sans doute, que ce soit cette imitation servile et nécessairement médiocre, qui n'aboutit qu'à la caricature des grandes œuvres et qui valut à Marco da Oggiono son surnom de « singe du Vinci ». Un artiste ne compte que par la note nouvelle qu'il apporte, par son style propre qui le caractérise et permet de le reconnaître; et, ce style, il le crée naturellement par cela même qu'il est artiste. C'est l'application du principe des indiscernables : pas plus que deux feuilles complètement pareilles, il n'y a deux natures, deux talents, deux œuvres absolument semblables; l'identique ne se reproduit pas. Trouillebert nous fournit l'exception qui confirme la règle : sans le chercher, sans le prévoir, par le seul développement de son talent propre, il a refait des Corot; malchance regrettable pour un artiste de valeur, dont la personnalité s'est heureusement affirmée, dans d'autres paysages aux lignes plus précises, aux contours plus arrêtés, différente de celle du maître, dont il ne serait sans cela que le double involontaire. S'il y eut pastiche ici, ce fut inconsciemment.

Il n'en est pas de même de Roybet : c'est chez lui l'assimilation voulue, réfléchie, patiente des procédés et de la facture des maîtres illustres. Il faut admirer, quoiqu'on en ait, dans son œuvre factice et artificielle, l'amour des belles pâtes éclatantes, la largeur savoureuse de la touche et l'incomparable maëstria de cet imitateur prodigieux, qui a trouvé le secret d'élever le pastiche à la dignité de chef-d'œuvre. Il montre aux débutants trop pressés, aux improvisateurs ignorants, à quel étourdissant brio peut parvenir une main savante, rompue à toutes les difficultés du métier. Il approche de Franz Hals, sans atteindre, il est vrai, à son invraisemblable aisance et à sa gaieté souveraine : le maître de Haarlem n'est-il pas inimitable? Toute peinture ne semble-t-elle pas lourde, triste et décolorée, quand on sort du Stadhuis, les yeux éblouis de tant de vie, de lumière et de joie? Mais, pour Rubens, l'assimilation est inouïe : non pas certes le Rubens grandiose et fougueux des vastes scènes, mais le Rubens correct, opulent et superbe des portraits d'apparat ; c'est la même richesse, la même verve et la même puissance. Les costumes magnifiques de la Flandre et de la Hollande du dix-septième siècle complètent l'illusion, et l'on a besoin de se ressaisir : est-ce que la vie, la pensée, les sentiments, les vêtements eux-mêmes n'auraient pas changé depuis trois siècles? Est-ce le Louvre ou le Salon? Sommes-nous venus demander aux maîtres immortels les jouissances accoutumées ou assister à l'évolution originale de nos contemporains, observer l'art en marche et surprendre, s'il se peut, l'éclosion de fleurs nouvelles?

Pour de pareils tours de force, il faut à la fois une si prestigieuse exécution et une telle abdication du sens propre que Roybet est le seul qui nous donne aussi pleinement et d'une façon continue cette sensation stupéfiante de résurrection du passé. D'autres pourtant, par une fantaisie passagère, se mettent à l'école de quelque maître aimé, dont ils font revivre pour un jour la méthode et le style. Burdy se passionne tour-à-tour pour les quattrocentistes Florentins et pour le dix-septième siècle espagnol : ce cavalier pâle et sérieux ne serait-il pas d'un élève de Velazquez? Cette tête sévère et noble de jeune fille, vêtue de noir, doit sortir de l'atelier de Ghirlandajo! « L'Hommage à l'Amour » du Bohémien Melnik nous ramène à notre dix-huitième siècle et s'inspire du chevalier Roslin. Jules Abel Faivre égale Greuze dans cette adorable figure de

jeune fille, d'une touche légère, d'une couleur
claire et douce. Baschet modèle sur une petite
toile le profil fin et précis d'un **vieux** savant,
et l'on dirait d'un Clouet aéré par Bastien-
Lepage. Et Baschet encore est l'heureux
émule de Chardin dans le ravissant portrait
d'une toute petite fille vêtue de blanc : elle
est assise dans un petit fauteuil et déguste
une collation de l'air le plus impayablement
sérieux, contemplée par un bon chien noir
qui pose sa grosse vilaine tête de bouledogue
sur le mignon genou; son grand chapeau
rouge, l'ombrelle rouge, soigneusement appuyée au bras du fauteuil, lui donnent la mine
respectable et charmante d'une dame en
miniature. N'est-ce pas elle que je retrouve,
à droite du tableau, dans ce clair et séduisant
« portrait de famille », où le peintre ne
demande cette fois qu'à son goût personnel
et à sa science de plein-airiste élégant une
gracieuse simplicité et de délicates harmonies?

D'autres enfin, et ceux-ci par conviction
définitive, se sont créé une manière originale,
inspirée des exemples célèbres, mais marquée

de leur empreinte particulière. Ils transposent un thème connu, ils rajeunissent un air
ancien qu'ils interprètent à leur guise, que
ce soit dilettantisme ingénieux, enthousiasne
raisonné pour le modèle choisi ou bien encore
irrésistible atavisme et retour d'une âme,
égarée à une époque, où elle se sent étran-
gère — et qui la modifie pourtant, mais sans
pouvoir la transformer, — vers le siècle qu'elle
regrette et vers l'art qu'elle comprend. Tel ce
robuste et énergique Ribot, qui voulut être
notre Caravage; je ne dis pas notre Rembrandt, car les ombres de Rembrandt sont
transparentes et se fondent avec ses clartés
atténuées en une divine unité, tandis que les
blanches figures de Ribot, si fermement
modelées d'ailleurs, jaillissent, par un contraste violent, des ombres opaques qui les
enserrent : elles relèvent donc du système du
Tintoret, du Calabrèse, de Ribéra, de ce système artificiel et puissant dont le Caravage
fut le théoricien le plus convaincu et le plus
radical praticien, de cette juxtaposition sans
ménagements, sans transition, des clartés et
des ténèbres, lutte corps à corps des deux

principes ennemis, dualisme brutal et saisissant de la craie et du bitume.

C'est à Ribéra surtout que pense l'Espagnol
Rusinol, — l'énergique auteur de la pittoresque série des jardins mauresques de
Grenade, — dans « l'Extase » de son jeune
prêtre, maigre et fiévreux, ascète enthousiaste
prosterné au pied d'un crucifix grossier et
presque farouche.

Le Belge Brunin donne à ses riches intérieurs et à ses personnages solides la patine jaunâtre des vieux tableaux, et Courtois
dore d'une lumière roussâtre et lourde, sans
aucun souci d'ambiance aérienne, ses figures
fortes et précises : le parti pris de ce coloris
démodé nous étonne dans ses grandes scènes, son orgie massive de « L'Amour au
banquet », son « Saint Sébastien », d'une
gamme si désagréable de tons bruns et neutres; mais ses portraits ont parfois un sérieux accent de réalité : voyez sa fameuse
« Mᵉ G. », ce pur et impassible camée, et l'effigie gracieuse et vivante d'un « jeune peintre »,
à l'œil brillant et doux, aux joues rosées. La
facture d'Agache est encore plus appuyée,

ses contours sont plus précis et plus durs, mais son coloris est sonore et varié, et l'artiste affecte de donner à ses figures énigmatiques un air d'étrangeté et de mystère.

C'est de Holbein que s'inspire une Suissesse, M^{elle} Ottilie Rœderstein, non pas certes pour sa couleur, qui est terne et monotone, mais pour le ferme modelé de ses figures exactes et sincères.

Le Belge Jef Leempoels est résolument revenu à la solidité de bas-relief des primitifs, et, sans souci aucun des idées nouvelles, il n'étudie que les ancêtres flamands; il est digne d'eux par sa probité et sa conviction : c'est ainsi qu'on peignait sur les bords de l'Escaut et de la Lys avant que Memling n'eût révélé la souplesse et la grâce. Leempoels consacre son dessin consciencieux, son coloris lourd et éclatant à des portraits loyaux et massifs, comme ses « Père et Mère », ses « Deux amis », son « Ouvrier ergoteur », ses « Têtes éplorées », et à des scènes symboliques, d'une pensée élevée, parfois sibylline, riches d'intentions, souvent difficiles à comprendre : des centaines de mains se dressent,

dont on ne voit pas les corps, mains d'hommes
et de femmes, mains de tout âge, de tout
pays, de toute condition, levées vers une
figure bizarre et sombre planant dans le ciel;
ou bien des hommes de siècles différents,
d'expressions variées, entourent le Christ, et
cela s'appelle « Initiation à l'idéale sagesse
des hommes de tout temps, symbole de la
révélation d'un meilleur devenir », vaste pro-
blème, suggestif, mais trop compliqué, où la
plasticité presque sculpturale des nombreux
personnages s'accorde mal avec l'imprécision
vague de l'idée. J'aime mieux son « Énigme »,
idole mystérieuse et fière, dont la nudité superbe se rehausse de bijoux éblouissants et
dont la tête hautaine se détache sur les transparences colorées d'un vitrail.

Dans sa « Jeanne d'Arc à Chinon », vaste
panneau destiné à la décoration de l'église de
Domremy, Boutet de Monvel a voulu joindre
à la raideur candide et à la surcharge d'ornements et de couleurs éclatantes, qu'il empruntait aux primitifs, d'intéressantes études
physionomiques et cet accent de naïveté
enfantine, qui assura sa vogue de dessi-

nateur amusant et d'observateur spirituel.

Et ce sont aussi ces primitifs, gauches et forts, et même les miniaturistes, naïfs et minutieux, les imagiers du moyen âge, les peintres verriers des églises gothiques, que prennent pour guides et pour modèles Maxence dans ses figures lourdes et raffinées d'anges aux ailes bariolées, — curieusement échantillonnées, dans une tonalité pâlie, et comme mosaïquées de ces pâtes polychromes, qui donnent à ses portraits un si piquant ragoût et un attrait si original, — du Gardier dans ses cortèges antiques modelés à contre-jour sous le ciel clair, Filiger qui se borne à pasticher pieusement les anciens vitraux et qui reproduit mieux les formes anguleuses et sommaires des personnages que le splendide éclat des couleurs translucides. C'est ce même passé que réveillent les théories médiévales, les douces et blanches théories de M$^{lle}$ Sonrel, — femmes et jeunes filles du quatorzième siècle en surcots, en frontaux et en guimpes, — les têtes féminines de Korochansky, d'une grâce bizarre et d'une séduction subtile, les portraits étranges de **Guérin** et ses curieuses

scènes de missels, personnages riches et
lourds et paysages sommaires et lumineux :
le roi David, souverain d'Orient, hiératique et
somptueux sous sa tiare extraordinaire, contemple, du haut de sa terrasse, Bethsabée qui
se baigne dans un maigre bosquet et la plaine
verdoyante qui s'étend jusqu'aux tours et aux
murs crénelés d'une Jérusalem féodale.

C'est la renaissance de toutes les disciplines
anciennes; tout idéal abandonné retrouve des
fidèles, et nous n'en serons pas surpris : ne
sommes-nous pas dans le siècle de l'histoire,
de l'érudition, de la curiosité ardente et sagace
du passé? Et pourquoi proscrire ces réminis-
cences? Si nous proclamons les droits absolus
de la création, est-ce pour dénier les droits du
souvenir? Respectons ce dilettantisme d'érudition, tant qu'il ne prétend pas transformer
des fantaisies individuelles en règles générales
et refréner la liberté de l'invention au nom
d'anciens codes abolis. Ne nous refusons pas au
charme suggestif de ces évocations, quand elles
sont ingénieuses et délicates! Il peut être très
doux parfois, dans le grand concert des vivants,
d'entendre l'écho discret des voix d'outre-tombe.

# CHAPITRE II



### L'EXOTISME

Ce siècle de l'histoire est aussi le siècle de
l'exotisme, et, non moins que des aïeux lointains et des âges révolus, nous sommes curieux des races différentes et des autres huma-
nités. Ce n'est certes plus nous qui dirions :
« Comment peut-on être Persan? » Persans,
nous voudrions l'être parfois, et Chinois et
Hindous, voire Polynésiens ou nègres, et il y
a des heures où les plus casaniers d'entre nous
sentent souffler en eux l'esprit de Loti. Quelle
joie ce serait, — et combien subtile et nouvelle! — de savoir le secret de ces âmes fer-
mées, de ces âmes douces ou cruelles, puériles ou raffinées, de nos frères jaunes ou noirs!
Mais il ne faudrait pas que, sous prétexte
d'exotisme, un bizarre caprice nous induisît à

d'inutiles mascarades : fantaisies gracieuses et spirituelles de bal masqué ou extravagances de carnaval baroques et saugrenues? Disciple inattendu des artistes japonais, Antoine de La Rochefoucauld introduit l'Extrême-Orient dans l'Évangile et travestit, d'un pinceau d'ailleurs habile et délicat, les saints en bonzes et en samouraïs, les saintes et la Vierge elle-même en mousmés, et l'Enfant Jésus devient un petit Bouddha : bizarre déguisement, qui ne se comprendrait guère que comme moyen pratique de propagande entre les mains de quelque missionnaire, émule de saint François-Xavier.

Il est heureusement un autre exotisme, plus sérieux et plus légitime, non plus d'artificielle adaptation, mais d'observation sincère. Il faut compléter les explorations savantes, les découvertes géographiques par les explorations artistiques ; dresser, après l'inventaire économique des richesses de notre domaine, l'inventaire esthétique de ses beautés : les écrivains l'ont entrepris depuis Bernardin de Saint-Pierre et Châteaubriand, les peintres s'y essayent depuis Delacroix et Decamps. Beaucoup d'entre eux sont de hardis voyageurs : ils veulent voir toute la terre et nous dire l'aspect de tous les pays, comme les archaïsants veulent réveiller tout le passé et restaurer le style de toutes les écoles disparues. Tandis que ceux-ci se plaisent à des reconstitutions consciencieuses et patientes et se promènent à pas lents dans l'ombre des musées devant les chefs-d'œuvre des grands morts qu'ils tentent de ressusciter, les autres parcourent le monde à la recherche d'impressions nouvelles, de lumières inaccoutumées, de formes nobles ou curieuses, de spectacles grandioses ou pittoresques.

Ce n'est pas seulement aux artistes du Nord que nous devons des paysages du Nord : si le Russe Gritsenko nous montre la flotte de l'amiral Gervais dans les parages de Cronstadt et si le Russe Dociékine estompe dans la brume la pâleur froide et morne de la mer Blanche, à peine libre des glaces d'un hiver de neuf mois, c'est un Français, Paul Bouchard, qui nous rapporte des vues de Moscou et de son Kremlin. Le Suédois Hagborg nous initie au charme très spécial des campagnes de sa patrie et le

Norvégien Grimelund à l'étrangeté des fjords, de leur eau bleue et de leurs châlets rouges, mais c'est l'Américain Humphreys Johnston qui nous a révélé le soleil de minuit et la paradoxale clarté de cette nuit d'été suédoise qui est encore le jour.

Mais le Midi surtout attire nos peintres, enivrés de lumière et de couleurs : et c'est ainsi que ce sont formées nos deux brillantes écoles de Provence et d'Algérie. Elles sont sœurs, la Provençale et l'Africaine, et l'on ne peut les séparer ; le pays d'outre-Durance et d'outre-Cévennes, la terre éclatante et sèche du Soleil et du Mistral, « notre coin de l'Orient », diffère tellement de nos autres provinces que, sans franchir nos frontières, nos peintres peuvent s'y croire à cent lieues du reste de la France : c'est de l'exotisme à l'intérieur. Et, sans doute, ces deux écoles se rattachent au plein-air par la recherche des transparences aériennes, à l'impressionnisme aussi par l'amour du coloris audacieux, mais elles sont pourtant originales : au lieu de plier la réalité à ses théories, au lieu de chercher l'exception, l'effet anormal et éphémère, la rareté presque

paradoxale, l'artiste n'a, dans ce Midi éblouissant, qu'à reproduire, spectateur enthousiaste
et interprète fidèle, les fêtes merveilleuses de
l'air et du ciel.

Les chantres de la Provence, frères des féli-
bres et des cigaliers, parcourent toute cette
Grèce française, des montagnes blanches,
nettement dentelées sur l'azur, à la mer bleue
qui bat les caps de marbre et de porphyre.
C'est le pays de la beauté et de la joie, la vie est
ici plus légère et plus jeune, une gaieté mélodieuse émane des rochers et des eaux et l'air
limpide résonne de chansons.

Montenard, le maître du chœur, aime les
vibrantes harmonies des collines rouges et
jaunes, de la verdure grise et poudreuse des
oliviers, du ciel de lapis et de la mer d'indigo,
des campagnes lumineuses baignées dans une
rose atmosphère, de la nature épanouie dans
la sérénité radieuse d'un été triomphal : il
les note avec une fine précision dans de petites et captivantes études, il les traduit avec
une largeur magistrale dans de grandes et
somptueuses compositions décoratives. Dau-
phin rivalise avec lui de magnificence et d'é-

clat, interprète audacieux et fidèle des aspects changeants des rivages et de la mer : mer dorée devant la montagne à contre-jour que l'ombre teint en bleu, mer pâle le long de la route blanche, mer cristalline au pied des rochers bruns. Et tous deux enchâssent, comme d'étranges bijoux d'acier poli, les géants cuirassés de notre flotte dans les flots de saphir de la Méditerranée.

Les monts et les vallées de Gagliardini scintillent au soleil comme de la poussière de gemmes et de diamants. Garibaldi dresse dans la clarté crue des murailles blondes ou fauves, « abbaye de Montmajour » ou « château féodal de Suze-la-Rousse ». Alphonse Moutte dispose d'une brosse vigoureuse et franche, aux portes des mas et des bastides, des groupes pittoresques de robustes paysans ou marins et de brunes et alertes filles, sœurs de Mireille; il emplit de clarté la nef de Notre-Dame de la Garde, où s'avance, les mains jointes, une religieuse en robe blanche. Paulin Bertrand écrit avec fermeté des horizons de côtes et des panoramas de villes. Cyrille Besset encadre ingénieusement dans l'ouverture d'une arche de pont le village étagé de « Tourettes » et le loup bleuâtre qui glisse entre les roches. Puis ce sont les petites toiles, solides et justes, de Décanis, les chatoyantes vues de Marseille, d'Étienne Martin, le « Var » rayonnant et le « Monaco » papillotant de Place-Canton, les plaines blondes et les roses collines, les bouquets de pins et de tamaris d'Edmond Yarz et de Baudin, « la Rade d'Endoume », d'Apy-Vivès, argentée sous un ciel d'hiver; ou bien encore « l'Étang de Berre » de Paul Aubin, les rochers rouges de Rovel, toujours fidèle au rutilant Esterel, la fine étude de Paul Girardet, « Sous les amandiers », la « Route de Cassis », de Crémieux, inondée de lumière. Théo Mayan conduit les églogues, bergers et bergères, chèvres et moutons, sur les collines parfumées. Dans ses pastels, aux touches vigoureuses et lourdes, Henry Paillard joint à Cassis et à Saint-Tropez, les Provençales, Collioure la Roussillonnaise et Biskra l'Algérienne.

Quelques-uns de ces brillants coloristes ont franchi les Alpes pour demander aux lagunes de Venise des illuminations spéciales et des reflets inédits. Il y a plus de cinquante ans

que Ziem leur a montré le chemin; le vieux
maître jouit de son vivant d'un renom déjà
classique. Il a donné une interprétation nouvelle de la ville des doges; on la voyait jadis à
travers les œuvres précises et lumineuses de
Canaletto et de Guardi : on la voit aujour-
d'hui à travers les siennes, quelque systématique que puisse être son éclairage d'apparat, et c'est auréolés d'une magnificence
dorée que passent dans nos rêves le lion ailé,
la place Saint-Marc, le palais Ducal et l'A-
driatique resplendissante où voguent des
voiles latines.

Mais dans la ville merveilleuse il reste
toujours, même après le passage d'un grand
artiste, à glaner entre le ciel et l'eau quelque
fête des yeux. Et, d'ailleurs, si l'on déses-
père d'y trouver des feux d'artifice plus
prestigieux, ne pourrait-on y découvrir des
harmonies plus discrètes et plus fines? Alfred
Smith s'est laissé tenter et nous a rapporté,
de ce voyage loin de ses forêts de Guyenne,
toute une série d'impressions charmantes,
régal exquis de couleurs variées, de réverbé-
rations légères, de notes chantantes que les

canaux renvoyent aux palais dans l'atmosphère tiède et frémissante. Olive joint à ses
belles pages provençales de chaudes images
du « Palais Morosini » et du « Canal Grande ».
Saint-Germier, le luministe raffiné, dont nous
connaissons déjà les délicates analyses d'intérieurs, est le peintre attitré des cérémonies
religieuses à Venise; il nous donne aussi des
études de canaux, très exactes dans leur tonalité plus sévère et plus mélancolique.

Passons la mer : l'École algérienne célèbre
les rues mystérieuses des vieilles villes mauresques, les tissus de prix et les bijoux rares,
l'étrangeté bariolée des visages et des costumes de l'Islam, les aspects variés du Tell, la
monotonie éblouissante des hauts plateaux et
la gloire de la fournaise saharienne, — âpres
falaises des sombres hamâdas, étendues sans
bornes de l'Erg sablonneux, paix ardente et
morne des ksours, fraîches oasis, où les palmiers inclinent leurs têtes, lourdes de dattes,
vers la source sacrée.

L'Algérie est naturellement devenue la
terre d'élection de nos Orientalistes : dans ce
cadre admirable ne trouvent-ils pas tout l'O-

rient? Dans les ports, l'Orient bâtard des Échelles du Levant, le mélange hétéroclite des civilisations bizarrement accouplées; dans les villes de l'intérieur, l'Orient du moyen âge et comme une résurrection de l'Asie des khalifes, d'authentiques décors des Mille et une Nuits, dignes de la Bagdad d'Haroun-al-Raschid; et là-bas, dans le désert, l'Orient biblique et patriarcal, les nomades et les tentes, les lentes caravanes qui serpentent dans les solitudes, — Abraham et Melchisédech, Nemrod pourchassant panthères et gazelles, Rébecca et ses compagnes puisant l'eau dans leurs vases d'argile.

Étienne Dinet est aujourd'hui notre grand Orientaliste. D'une excursion en Égypte, il nous a rapporté des vues exactes et pittoresques du Caire : de la plaine monotone, du sol couleur de bistre, qui n'est que le limon du Nil, jaillit la forêt étrange, la forêt de pierre des maigres minarets, dressés dans la brume claire du matin ou dans la fumée jaunâtre du soir. Mais la terre des Pharaons est trop monochrome à son gré, et il est vite revenu dans sa chère Algérie : loin d'elle, il se sent tout désheuré et comme en exil.

Mieux qu'aucun autre, il nous a révélé le charme singulier de notre France africaine : nous lui devons de surprenants paysages du désert, — tourbillons de sable fauve, fantastiques rochers rouges, derniers témoins des hamâdas écroulées, — des panoramas de villes blanches, à maisons massives couronnées de terrasses, qui doivent réjouir Loti, d'amusantes études des mœurs kabyles et arabes, de fortes et perspicaces analyses des races et des types du Maghreb, — figures d'hommes d'une laideur farouche et d'un inoubliable accent ou d'une beauté fière et d'une noble élégance, figures de femmes d'une grâce sauvage et délicieuse, naïves, souriantes, exquises, comme ses « Jeunes filles au crépuscule ».

Comme Guillaumet après les romantiques, il a apporté après Guillaumet une interprétation nouvelle de l'Algérie. Aussi différent du lyrisme déchaîné et des exagérations magnifiques des premiers que de la manière exacte, sobre, délicate, un peu terne et froide du second, c'est un art original, d'une im-

peccable précision et d'un audacieux éclat :
ce dessin, vigoureusement ressenti, qui traduit la réalité sans la magnifier ni l'affaiblir,
ignore également la sécheresse et la mollesse;
cette couleur hardie et loyale joint la franchise à l'harmonie.

Justement soucieux de la perfection du
métier, il recherche avec un zèle sagace et infatigable les procédés perdus des maîtres
anciens; il promène sa science raffinée, sa
sincérité scrupuleuse, la justesse étonnante de
son œil et l'incomparable dextérité de sa main
à travers toutes les expériences qui tentent sa
curiosité toujours en éveil. Il veut joindre,
dans une savoureuse synthèse, l'irréprochable
modelé, la solidité puissante, la minutie sans
défaillance, la pâte brillante et comme émaillée
d'un primitif Flamand à l'analyse la plus moderne des jeux de la lumière et des transparences aériennes; et il est capable, par cette
réunion imprévue de qualités opposées, et,
semblait-il, inconciliables, de gagner ce qu'on
aurait cru une paradoxale gageure et d'être
le Van Eyck ou plutôt le Memling du plein-
air.

Combien d'autres noms ne faudrait-il pas
citer auprès du sien! Le groupe si divers de
nos Algériens s'augmente sans cesse de re-
crues nouvelles : Albert Rigolot rend, avec
une singulière virtuosité, le soleil qui pou-
droie sur les sables frémissants et dispose
dans cette atmosphère dorée des scènes pittoresques et vivantes, comme sa « Fête arabe »
et son « Intérieur à Bou-Saâda ». Est-ce par
amour du contraste qu'il oppose à ces paysages
flamboyants des sites frais et limpides du Jura?
Gasté est l'émule de Rigolot pour l'incomparable éclat et le resplendissement extraordinaire de l'été africain.

Avec une verve alerte et joyeuse, Taupin
anime, dans une fine enveloppe, d'amusants
petits personnages et des scènes de genre
spirituelles et justes, qui font de lui notre
Téniers d'Algérie. M^me Lucas-Robiquet se
plaît aux notes aiguës des couleurs crues,
tandis que Lazerges, Alfred Pâris et le Belge
Anthonissen s'intéressent plutôt au rayonnement vainqueur de la lumière qui mange les
couleurs dans l'air brûlant.

Deux maîtres graveurs ont demandé au

pinceau la traduction hardie de leurs sensations d'Afrique : âpre et loyal, le coloris de
Lunois ne craint pas les violentes audaces
d'un impressionnisme sans ménagements ;
Émile Sulpis est séduit surtout par le prisme
chatoyant de la Méditerranée algérienne,
par le scintillement irisé de ses flots bleus et
verts, mauves et violets.

Georges Huet nous donne de calmes études
tunisiennes, souks et terrasses, rues étroites
et places silencieuses, crépuscules paisibles
et nuits transparentes.

C'est du Maroc que Dagnac-Rivière nous
rapporte ses sombres et vigoureux marchés,
d'une observation si forte et d'une couleur si
chaude, et Auguste Girardot ses gracieuses
Mauresques, ses Arabes et ses Kabyles, bergers, chameliers et charmeurs de serpents,
qu'il campe avec esprit dans la lumière jaune.
Et c'est d'Égypte que nous viennent ces mos-
quées et ces tombeaux, ce Sphinx et ce désert,
cette marchande d'oranges et ces Bédouins,
souvenirs de voyage d'un aimable coloriste,
Eugène Girardet.

Et voici des visions de plus lointains pays :

négrillons congolais d'Henri Avelot, — blouses écarlates et crânes ronds luisant au soleil de Libreville; — femmes soudanaises de Joseph de La Nézière, dansant la bamboula au bruit monotone des tams-tams dans les ombres bleuâtres de la nuit, et son Samory, pagne blanc, turban bleu foncé à calotte rouge, nez épaté, pommettes saillantes, bouche lippue, œil ironique et perçant, avec je ne sais quelle majesté simiesque et sinistre. Marius Perret estompe dans la poussière des steppes les tirailleurs du commandant Dodds en marche vers le Fouta et lance les intrépides piroguiers de Saint-Louis à travers la barre écumante du Sénégal.

Paul Buffet nous révèle l'Abyssinie étrange et triomphante de l'empereur Ménélik : le Négus est à cheval, ceint de la couronne antique et sacrée, faite d'or et de fourrures; il domine le champ de carnage d'Adoua et presse la déroute italienne. L'artiste joint au portrait du souverain vainqueur des sites singuliers d'une coloration audacieuse et d'une lumineuse limpidité.

L'empire du Mikado a son peintre, Louis

Dumoulin : nous lui devons toute une série
d'études consciencieuses et de notations exactes ; elles n'ont sans doute pas la capricieuse
fantaisie des décors japonais sur porcelaine,
sur laque ou sur papier peint, mais ce sont
de précieux documents, qui gagnent en précision et en fidélité ce qu'ils perdent en séduisante bizarrerie et en grâce irréelle.

Gaston Roullet enveloppe d'une chaude et
translucide atmosphère les pagodes et les pail-
lottes de l'Annam jaune et les méandres inquié-
tants des rivières tonkinoises dans les jungles
où guettent le tigre et le Pavillon Noir. Et c'est
aussi notre Indo-Chine qu'a parcourue Georges
Morland, en quête d'impressions nouvelles et
de spectacles inédits : il les interprète d'une
facture sommaire avec une vigueur lourde,
eaux noires sous le ciel bas chargé d'orage,
incendies tragiques du couchant tropical,
Bouddha à quatre faces perdu dans la forêt
envahissante, et ces pyramides somptueuses,
ces mitres précieusement ciselées d'Angkor-
Vat, témoin splendide et solitaire de la gloire
déchue du peuple Khmer.

Tinayre construit d'une pâte plus mince et

d'une touche plus sèche les mornes horizons et la terre rouge de Madagascar et allonge en file étroite la colonne victorieuse des soldats de France montant par les croupes nues et torrides vers Tananarive.

IX

# CONCLUSION

Nos peintres sont de grands conquérants :
leur domaine est le monde, le monde moral
des sentiments, des rêves, des légendes, des
symboles, et le monde extérieur sans exception, le passé avec les traditions primitives,
l'histoire et la préhistoire, et le présent tout
entier, humanité et nature, animaux et plan-
tes, ciel et océan, et toute la terre avec tous
ses pays, tous ses climats, tous ses aspects.

Et c'est ce qui explique toutes les recherches, tous les essais tentés pour assouplir et
pour renouveler le métier; c'est ce qui jus-
tifie la multiplicité des manières, des méthodes, des styles. Il était nécessaire, pour
cette multitude inouïe de sujets, d'avoir cette
étonnante diversité de procédés et de sys-

tèmes : toutes les idées nouvelles s'affirmant par des victoires, toutes les doctrines anciennes défendues ou ressuscitées, toutes les synthèses tentées. Luxuriante floraison !

Certes, je plains l'artiste intelligent et indécis, ouvert à tous les bruits du dehors, ballotté dans tous ces remous, manquant de la volonté nécessaire pour faire son choix et s'y tenir, séduit par toutes les nouveautés, souffrant de toutes les critiques, regrettant les âges d'ordre et de foi, où quelque grand souffle poussait tous les efforts, soutenus par une même discipline, dans une voie étroite et sûre vers un même but. Mais quelle liberté pour les esprits décidés et vigoureux ! Toutes les barrières sont tombées, et la loi de tolérance remplace la loi d'exclusivisme.

L'école classique est noble et riche, mais il est bon que le plein-air nous ait affranchi du despotisme de l'école classique ; le plein-air est sobre et sincère, mais l'École bretonne est la bienvenue, qui nous affranchit de la tyrannie du plein-air. Chaque fois qu'une jeune école brise les vieilles entraves et conquiert sa place au soleil, c'est une victoire pour l'Art, mais à condition de ne pas imposer des entraves nouvelles. Pas de représailles, pas de proscriptions! La délivrance se tournerait en asservissement, et nous n'aurions fait que changer de joug. N'annulons pas un gain par une perte; adorons ce que nous avons brûlé, mais ne brûlons pas ce que nous avons adoré : le domaine de l'Art est trop vaste pour un seul culte exclusif et jaloux.

Chaque école est utile, chaque groupe a sa tâche, jetant bas quelque convention démodée, ruinant quelque préjugé puéril ou malfaisant, apportant quelque beauté nouvelle : de toutes les doctrines et de toutes les méthodes nous n'avons regretté que les excès. Mais qui oserait affirmer que les excès mêmes ne soient pas profitables et par le progrès qu'ils consacrent et par la réaction qu'ils provoquent? Bruyants défis lancés dans la lutte, affirmations truculentes de la victoire, ils ont une valeur de signes et peut-être de ferments, involontaires sans doute, d'idées contraires et de mouvements en sens inverse, et leur rôle, essentiellement temporaire, n'est pas négligeable.

Notre Peinture s'enrichit de tous ces apports nouveaux, toutes ces écoles prennent place l'une après l'autre dans l'École Française ; et, quand toutes celles-ci seront assimilées, d'autres apparaîtront, d'autres chapelles dissidentes surgiront devant la grande Église. D'âge en âge, rajeunie par ces rivales, qui se levaient pour la combattre et qu'elle finit par absorber, l'École nationale se redresse régénérée et triomphante, et nous avons l'illusion qu'elle a pris sa forme parfaite, définitive, intangible ; puis, lasse de produire, s'arrêtant dans l'admiration stérile de ses propres œuvres, elle s'affaisse sur elle-même, elle commence à se répéter, elle descend de la création au pastiche, et d'autres écoles naissent alors, concurrentes et ennemies tout d'abord, qui opposent leur spontanéité à ses imitations, leur enthousiasme à son engourdissement, et qui la réveillent, la réforment, la pénètrent et s'assagissent en elle, en redonnant à son automne une sève printanière.

De l'admission successive de tous ces groupes dissidents dans la grande École, — et, pour ainsi dire, de leur naturalisation, —

de l'addition de tous ces articles nouveaux au programme officiel, le résultat n'est pas, on l'entend de reste, de doser avec circonspection un éclectisme prudent et affadi, de réaliser le rêve malheureux de l'académie des Carraches, de réunir sur une même toile les beautés diverses des chefs-d'œuvre rivaux en élaguant scrupuleusement leurs défauts. Ces défauts ne sont-ils pas la rançon naturelle, et comme l'inséparable revers, de ces beautés? Celles-ci donc, on ne saurait les unir qu'en les énervant et en les dégradant, disons mieux : en les annulant; avec de la vie mutilée, on ne peut faire que de la mort.

Il n'est pas question de cet éclectisme timoré et misérable : l'exemple des révoltés de la veille ne sert qu'à remettre en lumière les exigences primordiales de toute peinture, momentanément oubliées, qu'à décrier les abus flagrants et les négligences sans excuses, — et non pas certes les audaces originales d'un grand peintre, mais les exagérations moutonnières de ses disciples, outrances trop faciles ou pauvretés traditionnelles, — et, par exemple, qu'à rappeler les dévots du bitume au respect nécessaire de l'ambiance aérienne ou bien à réveiller chez les idolâtres de la céruse et de la craie l'indispensable souci de la couleur. Et, de leur côté, les novateurs, une fois tombée leur première ardeur d'intransigeance, consentent à remédier à leurs insuffisances, inconscientes ou voulues.

Ainsi donc théories opposées et pratiques ennemies se réconcilient, non pas fusionnées dans un inacceptable mélange, mais convaincues de la parité de leurs droits, vivant côte à côte sur un pied d'égalité et s'enrichissant de mutuels emprunts, sans que, pendant longtemps du moins, chaque école renonce à son génie propre. Et, quand enfin leurs contrastes se sont atténués et que leur originalité respective a fléchi, quand, se fondant ensemble, elles acceptent comme idéal commun un poncif composite, n'est-ce pas alors précisément que la Peinture semble décliner et qu'elle languit sans ressort, sans force et sans vertu? Qu'on ne nous parle donc pas de juste milieu : il ne s'agit que de proclamer la liberté du choix; ce n'est pas fausser les notes de la lyre, mais lui mettre des cordes nouvelles.

C'est ainsi que chaque révolution se trouve,
en fin de compte, n'être qu'une évolution :
ce n'est pas le chaos qui remplace l'harmonie,
c'est une autre harmonie qui naît, plus riche
et plus belle. Et, si nous la méconnaissons
tout d'abord, c'est qu'elle échappe à nos formules et déroute nos systèmes : notre esthétique de la veille est trop étroite le lendemain. C'est à nous de l'élargir : il nous la
faut plus compréhensive pour une complexité
plus grande.

Ç'a été l'œuvre admirable du siècle qui
finit de rejeter peu à peu les disciplines artificielles, d'abolir les lois factices, de faire
table rase des vieux obstacles qui gênaient
la liberté. Le mouvement s'est accéléré dans
ces dernières années, et il semble bien que
nous touchions au but. Plus de contrainte
fâcheuse! Tous les chemins ouverts! Tant
que le peintre ne bannit pas arbitrairement
de sa toile l'une des trois conditions nécessaires et suffisantes de son art, Dessin, Couleur, Lumière, il est son maître pour tout le
reste. Que son tableau soit, à son gré,
une composition réfléchie ou une impression

rapide, une page d'histoire ou une fantaisie, une reproduction exacte ou un poème, une allégorie ou une prière ; qu'il accentue ou estompe les lignes, qu'il avive ou atténue les couleurs, qu'il préfère la lumière pâle ou les ombres profondes, la touche délicate ou la pâte puissante, libre à lui ! Nous ne jugerons que le résultat. Il n'est pas de procédé interdit ni de conception inadmissible : de l'idée de l'artiste nous n'avons pas à apprécier la légitimité, mais la réalisation ; nous ne nous demanderons pas si ses moyens sont licites, mais s'ils sont les plus propres à la fin qu'il se propose. Le talent n'a plus à craindre de s'étioler en se pliant à une règle qui ne soit pas à sa mesure : que l'arbre pousse à sa guise, pourvu que les fleurs soient belles !

Vous réclamez l'unité immuable ? Il vous faut, comme à l'Église, la robe sans couture, choisie une fois pour toutes, la plus belle demain, puisqu'elle est la plus belle aujourd'hui, et qu'il serait téméraire et presque impie de déchirer ? Mais ce serait la mort de l'Art ! L'Art vit d'actions et de réactions, de marches et de contre-marches, de rivalités et de combats. Est-ce qu'il y avait une poésie tragique en France au siècle dernier, quand le troupeau docile des faiseurs de vers, rimaillant dans un accord parfait, pastichait et repastichait de génération en génération l'œuvre de Racine sous la férule de Boileau? Théâtre et poésie renaissent quand le Romantisme s'oppose au Classicisme régénéré par la lutte.

Ne soyons pas dupes de ce mirage d'unité, dont nous leurrent à distance les grands siècles passés : dans l'éloignement, les disparates s'effacent, les contradictions s'atténuent, et les plus irréconciliables adversaires prennent un air de famille par rapport à nous. Unité, oui certes, mais faite de diversité et non d'uniformité, — synthèse de forces vivantes, et d'autant plus ample et d'autant plus haute que ces forces sont plus nombreuses et plus dissemblables. S'il est vrai, comme je le crois, que la diversité soit plus grande aujourd'hui que jamais, il ne convient donc pas de nous en affliger comme d'un signe de décadence, mais bien plutôt de nous en réjouir comme d'une preuve de vigueur et de fécondité.

Et quelle passionnante étude pour l'observateur! Quelle joie de débrouiller ce chaos apparent, d'y constater un ordre réel et, tout en s'amusant au lacis capricieux des sentiers innombrables, de découvrir les grandes voies dans cette exubérante forêt qui semblait d'abord inextricable! Des classiques les plus pondérés aux impressionnistes les plus audacieux, du plein-air le plus flou aux plus sombres pages de l'école bretonne, tout s'enchaîne, tout se tient, et l'anarchie qui nous inquiétait, s'ordonne en un classement harmonieux.

Et, de bonne foi, peut-on nier que ce moment ne soit extraordinaire, où l'on voit, près du Passé toujours debout, l'Avenir qui se lève gros de promesses, des vieillards de quatre-vingts ans dont l'œil et la main semblent doués d'une éternelle jeunesse et des enfants de vingt ans qui s'affirment dès leurs débuts par des œuvres fortes et personnelles?

Qu'elle est grande, cette École Française, assez souple, assez variée, assez puissante pour créer le Beau de tant de façons diverses, souvent même opposées, pour nous montrer

à la fois le réalisme vainqueur et l'idéalisme
renaissant, avec Puvis, plus noble et plus
pur, pour offrir en même temps à notre admiration la majesté de Harpignies, la grâce
de Cazin et la poésie de Dauchez, les clartés
aériennes de Claude Monet et les nocturnes
de René Ménard, la Cène de Dagnan-Bouveret et le Pays de la mer de Cottet, la Jeune
Fille en deuil de Henner, cette calme et divine effigie, et l'Actrice souriante de Besnard,
cette apparition envolée et flamboyante!

Novembre 1899 — avril 1900.

# TABLE DES MATIÈRES.

## III. — LE PAYSAGE; DU CLASSICISME AU PLEIN-AIR

Pages.



## IV. — L'IMPRESSIONNISME.



## V. — LE PLEIN-AIR.



## VI. — L'IDÉALISME TRANSCENDANT.

## VII. — LA REVANCHE DE LA COULEUR.



## VIII. — ARCHAISME ET EXOTISME.

www.ingramcontent.com/pod-product-compliance
Lightning Source LLC
LaVergne TN
LVHW011950170726
843503LV00001B/85